Elas fazem ACONTECER

Mulheres que inspiram e transformam

EDITORA
CHAVE MESTRA®

Ficha técnica

EDITORA
CHAVE MESTRA®

Av. Marcos Penteado de Ulhoa Rodrigues, 1119 – Tamboré, Alphaville – SP,
Ed. Office Shopping Tamboré – andar 21 – sala Chave Mestra
CEP: 06460-040
@editorachavemestra
editora@editorachavemestra.com.br
Acesse: www.editorachavemestra.com.br

Título original em português:
Elas fazem acontecer — Vol. 2: mulheres que inspiram e transformam

Direção editorial: Raquel Medeiros
Coordenação editorial: Bartira Costa Neves
Assistência Editorial: Eloiza Andrade e Larissa Robbi Ribeiro
Revisão: Gabriela Andrade e Híllona Anjos
Projeto gráfico: Daniel Marchesani
Diagramação: Liliana Medeiros Prates Maia
***Branding* de capa:** Izzo Medeiros

Dados Internacionais de Catalogação na Publicação (CIP)

Vale, Rogério. (Organizador)

V149 Elas fazem acontecer - volume 2: mulheres que inspiram e transformam / Rogério Vale (org.) – Barueri, SP: Chave Mestra Editora, 2024.
240 p.: 16 x 23 cm

ISBN 978-65-5496-068-7

1. Desenvolvimento pessoal 2. Espiritualidade 3. Negócios 4. Prosperidade. 5. Mulheres 6. Fé. I. Título.

CDD 158.1

Elas fazem ACONTECER

Mulheres que inspiram e transformam

Prefácio

Josana Alves

Cara leitora,

É impossível mensurar a felicidade que sentimos em concretizar mais uma etapa de um projeto que tem como principal objetivo validar e tornar pública histórias reais e inspiradoras de mulheres que vivenciaram a arte de fazer acontecer, impulsionando a transformação de outras mulheres. Aqui está o volume 2 do livro *Elas fazem acontecer*, no qual são apresentados verdadeiros *cases* de sucesso, unidos pela superação e a comprovação de que é possível mudar de vida por meio de práticas assertivas que fazem toda a diferença em qualquer cenário. Esta obra deve ser considerada como guia prático, em que cada capítulo traz descobertas e passos significativos para melhorar seu desempenho pessoal e profissional. Afinal, para acontecer, exige-se mudança, resiliência e protagonismo.

Agradecemos a Deus por abençoar e permitir esta conquista, pela vida de todas as autoras que acreditaram no projeto e enfrentaram muitos desafios para dar esse passo e por todos da equipe da editora Chave Mestra, que mostram muita maestria na condução de todas as etapas. Acreditamos que o segredo do sucesso é a

constância do propósito; portanto, esperamos que a sua entrega, através da leitura de cada página desta obra, possa trazer *insights* valiosos e que seja uma experiência transformadora para a sua jornada.

A nossa inspiração é despertar em você o desejo de transbordar e evoluir, potencializando todo o poder que carrega dentro de si e espalhando-o ao seu redor, com ações que inspirem outras mulheres.

Com carinho,

Josana Alves

Co-autora dos livros *As chaves da mentalidade empreendedora* e *Elas fazem acontecer*, sócia da filial da Recriar RH, CEO da empresa Equilibrium Consultoria e Treinamentos Ltda., parceira do Projeto Elas Fazem Acontecer, palestrante, *coach* e mentora de líderes, carreira e negócios
@josanamentora

Nilda Bringel

Co-autora do livro *Elas fazem acontecer*, empresária, fisioterapeuta, sócia da filial da Recriar RH, idealizadora do Projeto Elas Fazem Acontecer
@dra_nildabringel_fisio

Nilda Bringel

Sumário

Elas fazem ACONTECER

Mulheres que inspiram e transformam

Adriana Motta

Eu me chamo Francisca Adriana Pinheiro Motta, tenho 52 anos, sou casada com o Richard Motta e mãe de duas meninas: Maria Julia e Maria Eduarda. Católica, apaixonada pela vida e por minha família, praticante e incentivadora do esporte. Nasci em Serrinha/CE, mas resido há quase trinta anos em Petrolina/PE.

Escolhi a contabilidade como profissão e há mais de trinta anos exerço meu ofício com muita dedicação e amor. Sou sócia diretora da Conap Assessoria e Gestão Contábil, empresa consolidada há mais de vinte anos. Fui delegada do Conselho Regional de Contabilidade (2003 a 2007) e, em 2006, recebi o Prêmio VII Convenção dos Contabilistas de Pernambuco.

Tenho a fé como pilar da minha vida, encaro os desafios como forma de aprendizado e jamais me deixo abater.

adrianaconap

conapassessoriacontabilpetrolina

Elas fazem ACONTECER
Mulheres que inspiram e transformam

SOMOS AQUILO QUE VALORIZAMOS E FAZEMOS ACONTECER

1

Por Adriana Motta

Há quatro anos, tive a oportunidade de contar um pouco da minha história sendo coautora no projeto *Mulheres de Sucesso do Vale do São Francisco*, em que falei da minha trajetória de vida e como consegui chegar aonde eu queria. Passado todo esse tempo, estou novamente escrevendo, falando mais de mim, porém, dessa vez, mae deparei com muitas reflexões. Após uma pandemia mundial, guerras, tantos acontecimentos no mundo e na minha vida, cheguei à conclusão de que muita coisa em mim mudou — que bom! —, já não sou a mesma, mas mantenho a minha essência. Tenho muito orgulho da minha história, mas como é entusiasmante ser quem eu sou hoje e saber que posso me moldar quantas vezes for preciso para extrair o melhor de mim.

Começo falando em Deus porque Ele é a base de todas as outras áreas da minha vida. Sempre tive uma relação muito forte com Deus e Nossa Senhora — a questão religiosa foi algo ensinado por meus pais desde criança —, mas nos últimos anos consegui me aproximar mais e ficar mais íntima de Cristo. Deus sempre se fez presente em minha vida e, nos momentos mais turbulentos que vivi, Ele mostrou o seu amor e misericórdia por mim, atravessou o meu deserto segurando a minha mão, fez os milagres que eu tanto precisava na hora certa, a dEle, e com isso me ensinou, mais uma vez, a ter paciência e confiança.

Eu me sinto agraciada por poder fazer parte da comunidade da minha igreja, conhecer e praticar cada vez mais o Evangelho e, principalmente, ser seta para meu esposo e minhas filhas. Ver a minha família buscando as coisas do Céu é o maior presente que poderia ganhar. Tudo isso eu consegui com a companhia e incentivo de grandes amigos-irmãos de caminhada, gosto de falar da importância de cercar-se de pessoas que nos impulsionam para o melhor. A minha fé se tornou ainda mais forte e viva.

Minha família é a minha maior conquista, é o meu porto seguro e maior tesouro. Juntamente com meu esposo — que também é contador —, divido as alegrias e preocupações do dia a dia, ele é um grande parceiro de vida. Minhas filhas queridas, aprendo tanto com elas, cada uma com sua singularidade. Hoje o meu olhar para eles vai muito além do familiar, consigo compreendê-los de forma mais clara, mais serena. O tempo de qualidade com eles se tornou ainda mais valioso e não é negociável. A forma de abordagem com o ouvir, o saber falar e as cobranças mudaram e acho isso extremamente importante, estarmos abertos às mudanças para um bem comum. Amar, honrar e cuidar da família faz toda a diferença, não adianta ter sucesso profissional e financeiro se sua casa não está em paz.

Cresci em uma família numerosa, ao todo somos treze filhos; sou a décima filha. Nunca me faltou amor, sou imensamente grata pelos ensinamentos dos meus pais, Aluízio Pinheiro Macedo (*in memoriam*), um agricultor apaixonado por plantar e colher, e Francisca Bezerra Macedo, dona de casa dedicada, mulher forte e sábia. Com eles, aprendi sobre fé, respeito, humildade, sonho e perseverança, conheci a felicidade na simplicidade da vida.

No âmbito profissional, posso afirmar que me sinto realizada. Eu me apaixonei pela contabilidade cedo, quando era estagiária em um escritório em Fortaleza/CE. Iniciei no setor de arquivo da empresa, e ver todos aqueles papéis despertou meu interesse pela área, queria decifrar os balanços e balancetes, achava tudo aquilo muito instigante. Minha irmã, Risomar Pinheiro, que já atuava na área, me encorajou a seguir a carreira de contadora. Anos depois nos mudamos para Petrolina/PE, fiz faculdade — conheci meu esposo durante a graduação — e, juntas, abrimos um escritório com mais dois sócios, que são muito mais que família, são grandes parceiros. Nascia então a Conap Assessoria e Gestão Contábil.

No início, o local onde funcionava o escritório era simples, meio improvisado, que carinhosamente apelidei de "cafofo". Aos poucos fomos conquistando novos clientes, solidificamos o nosso nome no mercado e conseguimos aumentar nossa estrutura física e de pessoal. Hoje contamos com uma equipe de trinta colaboradores e um escritório amplo e moderno.

Mesmo sendo realizada profissionalmente, não sou isenta de enfrentar os percalços que aparecem. A concorrência está cada dia mais desleal, as dificuldades financeiras, diversas mudanças na legislação. Não basta gostar do que faz, tem que ter garra, resiliência, se atualizar e se reinventar para manter-se no mercado. A pandemia foi um período incerto para todos, mas não poderíamos parar, afinal, o nosso propósito como escritório de contabilidade é justamente orientar os nossos clientes de maneira assertiva e segura para o bom desenvolvimento do seu negócio.

Também foi um marco na forma de trabalhar, muita coisa mudou. Hoje em dia estamos nos adequando ao *home office*, reuniões on-line, tentando acompanhar as inúmeras mudanças da tecnologia para não sermos "engolidos", rapidamente as coisas vão se tornando obsoletas. Confesso que ainda estou no meio do caminho em relação a isso, adoro praticidade, mas amo olhar nos olhos das pessoas, e isso, infelizmente, o avanço tecnológico tem afastado, já que cada vez mais estamos nos habituando a conversar através das telas dos celulares e computadores. Outro ponto são as redes sociais, nesse novo cenário ter presença e engajamento é quase que inevitável para ser visto e passar credibilidade. Esse é um desafio que estou me propondo a enfrentar o mais breve, mas não sem antes me sentir preparada e segura para essa exposição.

Como contadora e mulher, sempre busquei encontrar o meu lugar, deixar a minha marca, inspirar outras mulheres. Minhas maiores referências são a minha mãe, com sua força e sabedoria, e minha irmã, que foi e é uma grande incentivadora, apoiadora e mentora. Esse aprendizado é o que tento passar para minhas filhas, para que elas se tornem mulheres independentes, fortes e decididas. O mercado de trabalho nunca foi fácil para nós, mulheres, tivemos um grande avanço, mas ainda é possível ver e sentir a desvalorização e discriminação. Estou sempre buscando dar força e voz e contribuir de alguma forma para aquelas que estão na busca e na luta com suas profissões.

Nos dois últimos anos fiz parte do comitê CRC Mulher, em que discutíamos ideias, nos apoiávamos com o propósito de encorajar as demais colegas de profissão, fazer frente junto a nossa classe e mostrar nosso valor e capacidade de empreender, de estar em posições de liderança. Nesse período, tive bastante troca de experiências, conheci muitas mulheres excepcionais com histórias enriquecedoras. Foram dois anos de muito aprendizado e crescimento pessoal. Procuro estar engajada em tudo que promova o bem-estar feminino (saúde, segurança, vida profissional...) e colocar em prática comigo mesma, na minha casa e na minha empresa. Acredito na força, competência e sensibilidade de nós, mulheres, para sermos o que quisermos e ocuparmos o espaço que desejamos estar.

Minha trajetória de vida e de profissão baseia-se em fazer o bem e em cuidar de pessoas. Quando alguém chega até a mim procurando uma solução para seu problema, eu tenho a maior satisfação em ouvir e ajudar no que for preciso. Isso não se trata apenas do "ganhar", mas sim do que e como eu posso ofertar, de que forma estou tocando a vida dessa pessoa. Quando pensamos unicamente no lucro e/ou vantagem, nosso propósito fica raso, fraco, e tão logo para de ser interessante e estimulante, por isso acredito que existem muitos profissionais frustrados (seja empreendedor ou não). Procuro entregar um trabalho de excelência, me dedicar. Construí minha carreira em cima de bons valores e graças a Deus colhi e colho bons frutos do meu trabalho. Tem muita gente que fez e faz parte disso comigo nessa caminhada e cada um tem minha eterna gratidão. Sozinhos não somos nada, sempre temos o que ensinar e o que aprender uns com os outros, ninguém é autossuficiente.

Como é bom perceber-me em mudança, fazer uma análise do que se passou e ver que nem tudo está igual, mas também que não há nada do que me envergonhar ou querer esconder. Que a cada nova fase eu consiga me redescobrir, que meus erros me levem a evoluir e meus acertos indiquem que estou no caminho certo. O sucesso vem para aqueles que estão dispostos a buscá-lo, não é uma tarefa fácil e rápida; conhecimento, paciência e constância são fundamentais, mas ouso acrescentar ainda o autoconhecimento, saber o que de fato almejamos, aonde queremos chegar.

Acredito e invisto no meu negócio porque sei o potencial que ele tem, sei exatamente qual é o objetivo que quero alcançar, qual é o meu diferencial. Empreender é a paixão que me move todos os dias, é um caminho cheio de desafios, mas encontro satisfação no que entrego. A contabilidade sempre será para mim muito mais do que o meu ofício, é a ferramenta que me proporciona conhecer e ajudar pessoas, estar envolvida em causas que acredito, me sentir útil e ter grandes e inúmeros aprendizados.

"Viver e não ter a vergonha de ser feliz..."[1] (Gonzaguinha), essa música me inspira há tempos, faço dela quase um mantra, essa é a leveza que quero encarar os desafios impostos, é como eu quero viver, olhar a vida pela ótica de que no final tudo vai dar certo. Nunca perder a minha fé. Já passei por muitas provações e conquistas, cada uma delas trouxe para mim grandes lições, me fizeram recalcular rotas, ponderar algumas coisas, e hoje me sinto muito mais preparada e forte para enfrentar qualquer situação. Tenho defeitos e qualidades como qualquer pessoa, meu foco é a minha superação, é o meu crescimento (espiritual, pessoal e profissional), é fazer a diferença. Obstáculos não me fazem parar, ao contrário, vejo neles uma oportunidade de me desafiar e encorajar a desenvolver minhas habilidades, poder mostrar que sou capaz.

1 GONZAGUINHA. O que é, o que é? *Letras*. Disponível em: https://www.letras.mus.br/gonzaguinha/463845/. Acesso em: 22 out. 2024.

*“Seja fiel e grato a Deus,
ame sua família, cuide dos
verdadeiros amigos, faça o bem,
dedique-se ao que almeja e
logo colherá os bons frutos.”*

Adriana Motta

Ana Cristina Barone

Sou Ana Cristina Barone, paulistana, nascida em julho de 1974, casada há 24 anos com Marcelo Barone, mãe da Amanda e da Marcelli. Desde cedo sempre fui muito fascinada pelo Direito.

Advogada desde 2003, especialista nas áreas da família e trabalhista. Pós-graduanda em Direitos das Mulheres, proprietária do escritório NB Advocacia, localizado no bairro da Penha/SP. Presidente da Comissão das Mulheres Advogadas 94º Subseção OAB Penha de França, gestão 2022-2024.

Em março de 2024, pela minha atuação profissional, tive a honra de receber o Prêmio Mulher de Destaque 2024 da Associação Comercial de São Paulo-Distrital-Penha e do Conselho da Mulher Empreendedora e da Cultura.

anacristina_barone
Ana Cristina Barone
Ana Cristina Barone
ana_barone@osite.com.br

ORGULHE-SE DA SUA TRAJETÓRIA E FAÇA ACONTECER!

2

Por Ana Cristina Barone

Iniciei minha jornada muito cedo, aos 13 anos comecei a trabalhar como babá, cuidando de duas crianças. Ainda na minha adolescência, trabalhei como balconista em uma papelaria e em uma loja de *lingerie* no bairro da Penha, em São Paulo.

Minha mãe faleceu 26 dias após o nascimento da minha irmã caçula, em decorrência de uma infecção generalizada, deixando meu pai e quatro filhas pequenas — eu com apenas com 1 ano e 10 meses e minha irmã mais velha com 4 anos. Meu pai precisava trabalhar e não tinha como pagar uma pessoa para ficar em casa para cuidar de quatro meninas pequenas, sendo assim, eu e minhas irmãs fomos morar na casa de familiares (tios e tias), em locais distintos, porém, próximos, para que mantivéssemos o elo familiar. Então passei a morar com meus tios que, na época, já tinham seis filhos, comigo seriam sete. Acredito que para eles não foi uma tarefa fácil ter que assumir mais essa responsabilidade.

Na minha adolescência, senti muito a ausência da minha mãe, como queria ela por perto! Foi a fase de transformação de menina para mulher, queria só um colo, uma palavra, um abraço apertado.

Mesmo iniciando a minha jornada de trabalho muito cedo, nunca deixei de me dedicar aos meus estudos, sonhava em ser uma mulher importante, queria ser delegada.

Assim que completei 18 anos, terminei o colégio. Sem experiência nenhuma na área de vendas, tive a oportunidade de trabalhar em uma agência de viagens e turismo na Alameda Jaú, área nobre de São Paulo. Nesta agência, trabalhei por 15 anos, conheci muita gente bacana, aprendi muito, foi uma experiência incrível que contribuiu muito para o meu desenvolvimento pessoal e profissional. Iniciei como recepcionista, tive algumas promoções e, com cinco anos de empresa, fui promovida para auxiliar de agente de viagens. Fazia reservas de passagens aéreas, realizava a venda de pacotes nacionais e internacionais.

Sempre trabalhei muito, tinha um ótimo relacionamento com meus chefes e clientes, adquiri muita experiência, gostava muito do que eu fazia, mas queria muito fazer minha tão sonhada faculdade de Direito, só não tinha tido a oportunidade, não tinha condições financeiras e não podia contar com a ajuda de familiares.

Assim que terminei o colégio, não tinha dinheiro para pagar uma faculdade e decidi fazer um curso Técnico de Química no Colégio São Paulo, no Parque Dom Pedro. Eu nunca fui bem em exatas e não consegui acompanhar o curso, acabei trancando a matrícula no terceiro trimestre.

Aos 21 anos, decidi prestar vestibular na Universidade Cruzeiro do Sul, em São Miguel Paulista, para o curso de Direito, mas ainda não tinha condições financeiras para pagar a faculdade. Ainda assim, prestei o vestibular e fui aprovada, mas e agora? Lembro-me que tinha prazo para a entrega da documentação e para pagar a matrícula, fiquei muito apreensiva. Uns me diziam: “Faça a matrícula, não perca essa oportunidade”, enquanto outros, a maioria, me diziam: “Isso é loucura, você não vai ter condições de concluir o curso”. Teve uma pessoa que disse: “Você não tem perfil para ser uma advogada”.

Apesar de todas as minhas dificuldades, sempre fui muito decidida e resolvi arriscar, peguei dinheiro emprestado com minha prima, fiz a matrícula e iniciei o curso. Confesso que não foi fácil, meu pai não tinha condições de me ajudar, meus tios que me criaram muito menos. Foram cinco anos de muita luta, muita dedicação, tive que abdicar de muita coisa, foi uma fase bem difícil para mim. Na época, meu salário mal dava para pagar a faculdade, tinha que ajudar em casa dando parte do salário para minha tia, me sobrava apenas R$ 50,00 mensais, o que me fazia muitas vezes ficar em débito com a faculdade e no final do semestre fazer um acordo para conseguir me matricular para o próximo semestre, mas **nunca pensei em desistir**.

Com 18 anos, comecei a namorar meu marido, Marcelo; nos conhecíamos desde criança, morávamos perto, no mesmo bairro. Namoramos por sete anos e, em 15 de janeiro 2000, me casei. Meu casamento foi perfeito, do jeito que sempre sonhei, foi uma festa linda.

Amanda, minha filha mais velha, hoje com 24 anos, nasceu no mesmo ano em que me casei. Eu estava no quarto ano da faculdade de Direito e precisei trancar a matrícula por um ano. Amanda ficava na escolinha em tempo integral para que eu pudesse trabalhar, mas ficava sempre muito doente; decidi, então, pedir demissão da agência de viagens que trabalhava, para cuidar da minha filha, e não me arrependo disso, ter minha família era a realização de um sonho.

Neste período, surgiu a oportunidade de fazer estágio na procuradoria do estado de São Paulo. Como a minha intenção era advogar, eu e meu esposo optamos em manter a Amanda em casa aos cuidados da Maria, que ficava em casa de segunda a sexta-feira até as 13 horas para que eu pudesse realizar o estágio. Foi uma ótima oportunidade, aprendi muito, conheci muitas pessoas, algumas mulheres incríveis que me inspiraram e me fizeram acreditar que eu estava no caminho certo. Você pode, sim, ter uma carreira de sucesso e estável e ser mãe ao mesmo tempo; não precisa escolher entre eles nem adiar um para ter o outro.

Seguir com seus sonhos e projetos pessoais e profissionais é possível mesmo após a maternidade. Se possível, tenha uma rede de apoio que tudo dará certo; meu marido sempre me apoiou, meus sogros foram avós presentes e sempre me ajudaram quando precisei.

Em 2001, ainda estagiando pela manhã, retornei para o curso de Direito no período noturno e, finalmente, em 2002, consegui concluir a faculdade. Agora sim bacharel em Direito, porém com débito financeiro na faculdade. Foram cinco longos anos de faculdade e logo que me formei, em 2002, realizei o exame da Ordem dos Advogados do Brasil na área penal. Como disse anteriormente, sonhava em ser delegada.

Fui reprovada na segunda fase, mas não desisti, continuei na luta, havia estudado bastante, mas acredito que não o suficiente. Optei em fazer um cursinho preparatório, desta vez na área trabalhista. Estudei por mais seis meses e, em 2003, fui finalmente aprovada. Agora sim, era uma advogada e poderia exercer minha profissão. Eu me identifiquei tanto com a área trabalhista que desisti da área penal, desisti de ser delegada e me especializei na área trabalhista e posteriormente na área da família.

Em 2003, já com minha carteira profissional, comecei a trabalhar sozinha, em casa mesmo. Comecei a advogar para família, amigos, fechava um contrato aqui, outro ali, e aos poucos fui captando meus clientes, conquistado meu espaço. Com o primeiro honorário que recebi de uma ação trabalhista, consegui acertar aquele débito financeiro com a faculdade, agora assim seguiria tranquila.

Aquelas palavras de pessoas próximas dizendo que eu não iria conseguir, que jamais concluiria meu curso de Direito, que era melhor desistir, que eu não tinha dinheiro para nada, que não tinha condições alguma de concluir uma faculdade, me motivaram e me impulsionaram ainda mais para seguir em frente, terminar meu curso e exercer a minha profissão que tanto amo.

Em 2004, Deus me abençoou novamente com o nascimento da minha filha Marcelli, hoje com 20 anos. Marcelli foi para a escolinha com 4 meses, ficava o período integral e se adaptou muito bem, facilitando muito a minha jornada.

Há 20 anos, sou proprietária do escritório NB Advocacia, sede própria, situado no bairro da Penha/SP. Em parceria com a Dra. Rubia e outros colegas advogados, atuamos em diversas áreas do Direito.

Além de advogada, mãe e esposa, presido a Comissão das Mulheres Advogadas da Ordem dos Advogados do Brasil 94ª Subseção Penha de França.

Em 2022, fui convidada pelo Dr. Marcelo Paiva, presidente da 94ª subseção da OAB Penha de França, para presidir a Comissão das Mulheres Advogadas, que tem como propósito lutar pela valorização da mulher, criar oportunidades, combater a discriminação e promover a inclusão das mulheres na profissão jurídica, promovendo eventos, debates e ações que visam o empoderamento feminino.

Confesso que é desafiador, pois, apesar dos avanços em relação aos direitos e às conquistas das mulheres, ainda lidamos com assédio, falta de oportunidade, desigualdades salariais, baixa representatividade na política, todos os tipos de violência, feminicídio e depreciação da capacidade intelectual da mulher. Com o trabalho, a mulher vem conquistando seu espaço, sua independência, sua liberdade. A mulher é livre para exercer a função que ela bem entender, estar onde ela quiser, igualdade e liberdade é o que buscamos.

Como presidente da Comissão das Mulheres Advogadas, conheci mulheres incríveis e estou aprendendo todos os dias com cada uma delas e, juntas, estamos lutando pelos nossos direitos fundamentais. Em 2024, tive a honra de receber da Associação Comercial de São Paulo — Distrital Penha e do Conselho da Mulher Empreendedora e da Cultura, o prêmio Mulher de Destaque 2024, pela minha atuação profissional, contribuindo com a sociedade e principalmente com as mulheres.

Receber esse prêmio foi um marco significativo em minha jornada profissional, uma inspiração para continuar lutando todos os dias pelos meus objetivos e ideais, me motivando a contribuir ainda de forma mais significativa com toda a sociedade. Minha trajetória não foi fácil, sempre acreditei em mim, estudei muito, e ser reconhecida pelo meu trabalho é motivador, me faz acreditar que todos os esforços valeram a pena!

Sempre fui muito persistente, mas tenho certeza de que tem uma estrelinha lá no céu que, há 49 anos, olha por mim e pelas minhas irmãs todos os dias, **minha mãezinha Clarice**.

Superei meus medos, acreditei em mim, estudei e, apesar dos desafios, estou alcançando meus objetivos.

Insista, persista e nunca desista de você!

"Seja sua fonte de inspiração, sonhe, acredite e realize, essa é a chave para o sucesso!"

Ana Cristina Barone

Ane Karine

Ane Karine, 27 anos, casada e mãe do Christopher Pietro. É administradora, instrutora de gestão, *professional trainer* e analista comportamental (DISC). Atua no SENAI/RR, ensinando jovens e adultos em cursos de gestão e qualificação profissional.

Graduada em Administração pelo Centro Universitário Estácio da Amazônia e pós-graduada em Docência no Ensino Superior. Além de instrutora, é microempreendedora, oferecendo treinamentos e palestras *in company* em áreas como: oratória, atendimento de alta performance e liderança assertiva, além de auxiliar o desenvolvimento humano na sua carreira profissional.

Recebeu o título de "Dama Comendadora" pela Câmara Brasileira de Cultura por sua notável trajetória profissional e acadêmica e foi finalista na 7ª Jornada Pedagógica do SENAI/RR.

anekarine_perfilprofissional

FACETAS OCULTAS

3

Por Ane Karine

A vida é um mosaico de momentos, decisões e experiências que muitas vezes nos levam a esconder partes de quem realmente somos. Este capítulo explora as "facetas ocultas" que moldam nossa identidade, nossos relacionamentos e nosso lugar no mundo. Cada faceta revela uma dimensão distinta, provocando reflexões sobre quem somos e o que deixamos à mostra. Vamos mergulhar nas camadas que, muitas vezes, preferimos manter na sombra.

Faceta 1: o espelho quebrado

Todos nós construímos uma "persona" — uma forma de nos apresentar ao mundo. Mas o que acontece quando o espelho da nossa vida se quebra? Convido você a conhecer o que vivi nesse momento transformador.

Na época em que ainda era universitária, eu me apresentava como forte, inteligente e preparada para qualquer desafio. Mas, na verdade, eu era tímida, com uma visão limitada do mundo e uma constante necessidade de estar certa. Ao longo da jornada acadêmica, meus colegas, a "turma do pagode" (ironicamente, não ouvíamos tanto pagode assim), foram meu espelho diário. Observando-os, comecei a questionar quem eu realmente era. Será que eu era tão inteligente quanto pensava? Descobri que muitos ao meu redor tinham mais visão e conhecimento e isso me forçou a encarar minhas próprias limitações.

Meu lado egoísta emergia nos trabalhos em grupo, onde sempre quis impor minhas ideias. Contudo, fui desafiada a aceitar a opinião dos outros e entender que o sucesso não vinha apenas da minha própria capacidade. Essa foi uma fase crucial, onde comecei a reavaliar meu "eu" e quem eu queria ser. Ao aceitar que precisava mudar, aprendi o valor da empatia e da colaboração. Essa descoberta foi fundamental, e na minha formatura, tive a honra de representar meus colegas fazendo o juramento em nome de todos os formandos, entendendo que nossa jornada é feita com o apoio do outro. Nas próximas linhas, contarei como essa mudança transformou minha vida.

Faceta 2: o silêncio que fala

O que acontece quando a dor e a adversidade nos fazem silenciar? Às vezes, é no silêncio que nosso verdadeiro eu se revela. Perdas e fracassos podem ser oportunidades para nos encontrarmos.

Ainda na faculdade, meu grande sonho era conseguir um estágio em uma empresa renomada. Após passar nas seleções, consegui a tão desejada vaga. Sentia-me realizada, até que, em uma manhã, passei mal e fui ao médico. Para minha surpresa, descobri que estava grávida. Aquilo parecia um soco na boca do estômago vazio. Eu estava prestes a casar, mas um bebê ainda não fazia parte dos meus planos. De repente, minha vida mudou. O que seria da minha carreira? Os julgamentos começaram, e até ouvi: "Agora, 'já era' para ti." Essas palavras doeram, mas ainda assim escolhi o silêncio. Por dentro, eu gritava. Chorei noites pedindo forças até perceber que minha jornada não precisava parar, e não parou!

Decidi que continuaria minha graduação e estágio, ignorando os julgamentos. Com o apoio do meu esposo, retomei minha rotina, mais forte. O silêncio foi quebrado e eu descobri uma nova força em mim. E posso dizer que ser mãe foi a melhor coisa que já me aconteceu.

Faceta 3: nas sombras da coragem

Quando somos testados, muitas vezes descobrimos uma coragem inesperada. Ser mãe foi uma dessas surpresas para mim, como mencionei na faceta anterior. A maternidade revelou meu lado mais forte, transformando medo em resiliência. Noites sem dormir, dores e desafios da recuperação fizeram com que eu descobrisse forças onde achava que não existiam. Ser mãe me ensinou que a coragem nasce quando menos esperamos, e que ser forte o tempo todo é impossível — e está tudo bem.

Outro momento desafiador foi quando recebi a oferta de gerenciar uma grande empresa. No início, duvidei de mim mesma, achando que não era capaz. A sombra da comparação com a antiga gerente me assustava. Mas uma simples frase ouvida, por acaso, mudou tudo: "Aceite primeiro, depois aprenda como fazer." Com isso, resolvi enfrentar meu medo e aceitar o desafio.

A experiência me mostrou que, com coragem, somos capazes de superar qualquer dúvida. Gerenciei, treinei e aprendi sob pressão, deixando meu legado. Coragem, muitas vezes, nasce no caos.

Faceta 4: a face vulnerável

A sociedade nos ensina que ser forte é não mostrar fraqueza. Mas a verdadeira coragem está em abraçar a vulnerabilidade. Desde cedo, aprendi que chorar era sinal de fraqueza, e cresci escondendo meus medos e inseguranças. Por trás da imagem de força que eu exibia, havia uma mulher cheia de inseguranças, dúvidas e medos, que cresceu acreditando que ser vulnerável era fraqueza.

Quando decidi seguir a carreira de palestrante, fui tomada por insegurança. Por semanas, fingi que estava tudo bem, mas as preocupações financeiras me sufocavam. Uma noite, sem forças para esconder mais, abri meu coração ao meu esposo. As lágrimas que sempre reprimi finalmente caíram. Ao invés de julgamentos, ele me acolheu com um abraço que me fez perceber que eu não estava sozinha.

Foi um momento de virada. Entendi que minha força não estava em esconder minhas fraquezas, mas em ser honesta sobre elas. A vulnerabilidade que tanto temia me conectava mais profundamente com as pessoas e, ao aceitar isso, me tornei mais verdadeira e realizada. Uma semana depois, conquistei a vaga que hoje é minha fonte de realização pessoal e profissional.

Faceta 5: o lado oculto do sucesso

Ane Karine, uma mulher determinada, construiu uma carreira de sucesso com sacrifícios, alcançando um cargo de liderança aos 23 anos e, em sua atual profissão, aos 25 anos. Embora fosse vista como exemplo de sucesso, por questões adversas da vida, sentia que ainda não estava no auge do sucesso financeiro e por isso ainda estava pouco satisfeita. Minha vida era dominada pelo trabalho, tendo que deixar muitas vezes as relações e conexões de lado. Com o tempo, minha saúde começou a ser afetada pelo excesso de trabalho, pois a autocobrança estava ali o tempo inteiro e percebi que meu sucesso mascarava em certo grau as renúncias e a insatisfação.

Após refletir, busquei equilíbrio, organizei as tarefas, me reconectei com amigos e reavaliei o que realmente importava. No entanto, ao ressignificar o que é sucesso para mim, encontrei um novo equilíbrio. Passei a valorizar mais os momentos de descanso, as pequenas alegrias do cotidiano e as relações que nutriam minha alma. Ao final dessa jornada, descobri que o verdadeiro sucesso não está em quantos degraus subimos na carreira, mas no quanto somos fiéis aos nossos valores e em como encontramos paz e felicidade no processo.

Faceta 6: ressignificando as facetas ocultas

Para encerrar, olhamos para o futuro com uma nova perspectiva sobre as facetas ocultas que descobrimos ao longo desta jornada. Em vez de lutar contra essas partes de nós mesmos, como podemos integrá-las para viver uma vida mais plena e autêntica?

Este momento final aborda a importância de ressignificar nossas experiências, acolher quem somos em todas as nossas complexidades e viver de forma coerente com nossos valores e sonhos.

Ao longo da jornada da vida, passei por diversas situações que revelaram partes ocultas de mim mesma. Durante muito tempo, lutei contra essas facetas que acreditava serem fraquezas: minhas inseguranças, o medo de falhar e a constante busca por aprovação. Sempre tentei esconder essas partes, acreditando que a felicidade dependia de manter uma imagem perfeita. No entanto, em um momento decisivo, percebi que fugir das minhas facetas ocultas não iria me levar a lugar algum. Pelo contrário, estaria presa em um ciclo de frustração. Foi então que decidi mudar minha perspectiva. Ao invés de combater minhas inseguranças, comecei a integrá-las. Percebendo que eram essas mesmas vulnerabilidades que me tornavam mais humana, empática e capaz de me conectar profundamente com os outros.

Com o tempo, ressignifiquei minhas experiências. Aceitei minhas imperfeições e compreendi que o verdadeiro sucesso não era ser perfeita, mas viver de acordo com meus valores e sonhos. Passei a ver o futuro com mais clareza e leveza, sabendo que, ao acolher todas as partes de mim mesma, estava trilhando um caminho de autenticidade e plenitude.

Agora é sua vez de refletir: quais são os seus lados ocultos? Quais máscaras você usa no dia a dia para se proteger ou se adaptar? Ao identificar essas facetas, você pode dar o primeiro passo rumo a uma vida mais consciente e autêntica. Permita-se abraçar sua vulnerabilidade e aceitar todas as partes de si mesmo, inclusive aquelas que você esconde. Nesse processo de autoexploração e aceitação, encontrará a liberdade de ser quem realmente é e o caminho para um crescimento genuíno e duradouro.

A cada dia, somos desafiados por nossas facetas ocultas. Ao explorá-las, temos a oportunidade de viver com mais consciência, autenticidade e coragem, permitindo que a vulnerabilidade nos guie ao autoconhecimento. Aceitar essas partes escondidas é fundamental para nosso crescimento pessoal. Afinal, a chave para a verdadeira liberdade está em reconhecer, abraçar e integrar todas as partes de quem somos.

"Minhas facetas ocultas não são fraquezas, mas reservas poderosas de força, e, ao revelá-las, me conecto com minha verdadeira essência."

Ane Karine

Angela Proença

Meu nome é Maria Angela Abreu Proença, uma mulher forte e determinada. Mãe do Vinicius, meu grande amor de 29 anos, e esposa de Luiz, meu querido marido.

Sou corretora de seguros e consórcios há mais de quarenta anos e sócia da Gmaior Corretora de Seguros. Meu propósito é ajudar pessoas a realizarem sonhos, obterem conquistas e terem segurança em suas vidas.

Sou a segunda de quatro irmãos, filha de imigrantes portugueses. Cozinhar é uma das minhas paixões. Sou uma pessoa multitarefas e sempre procuro inovar e buscar novos conhecimentos.

Acredito que tudo na vida tem um propósito e que, diante de desafios e dificuldades, precisamos lutar e ter resiliência para perseverar.

gmaiorconsorcioeseguros.angela
Angela Proença
+55 (11) 99614-3325
angela@gmaior.com.br

Elas fazem ACONTECER
Mulheres que inspiram e transformam

COMO SUPERAR AS DIFICULDADES E NUNCA DESISTIR

4

Por Angela Proença

Sempre sonhei em trabalhar e constituir uma família. Aos 15 anos, comecei a trabalhar em uma corretora de seguros que foi a base para meu desenvolvimento profissional. Desde o início, vislumbrei uma oportunidade de crescimento para me tornar uma corretora de sucesso.

Ingressei na faculdade, mas, em função da falta de condições financeiras e necessidade de ajudar com as despesas da família, não consegui concluir. Foi então que tomei a decisão de fazer o curso para poder trabalhar como corretora. Obtive material teórico emprestado e com muita dedicação obtive o registro na Susep.

Anos depois, recebi uma proposta para abrir minha própria corretora em sociedade. Eu ficava responsável por toda a parte interna, enquanto meus sócios se dedicavam a visitar os clientes. Depois de sofrer as dores do empreendedorismo, a duras penas aprendi que todos têm que desempenhar o papel de vendedor, ter contato direto com os clientes, e isso transformou a minha vida profissional.

Talvez aquela tarde de março de 1995 fosse como qualquer outra. Eu estava grávida de 8 meses, tinha uma vida confortável e uma empresa. Mas, de repente, tudo ruiu. Minha sociedade foi desfeita de maneira traiçoeira e eu me vi sem nada, apenas com dez clientes e no final da minha gravidez, tendo que recomeçar do zero, sem ajuda. Meu então marido estava desempregado, e naquela tarde fatídica eu caí de uma escada e quebrei o cóccix. Só não perdi meu filho por Deus.

Um mês depois, meu filho chegou, trazendo uma alegria imensa, pois era o primeiro neto e sobrinho. No entanto, as dificuldades não tardaram a começar. Estava na maternidade, atendendo clientes por telefone, sem expectativas de vida. Mas agora eu não estava mais só; uma vida dependia de mim.

Ao sair da maternidade, me perguntei: e agora? Cheguei em casa e comecei a buscar novos clientes, o que não era fácil em uma época sem celular, carro e computador. Não tive ajuda de ninguém. Em alguns meses, consegui vender apenas um seguro, o que mal dava para comprar comida. Não consegui amamentar meu filho, tinha que comprar um leite especial e não tinha condições financeiras. Meus pais faziam o possível para me ajudar, tirando uma parte importante do minguado orçamento deles.

Assim passaram três anos, repletos de dificuldades e um casamento infeliz, até que me separei quando meu filho completou 3 anos. Agora éramos só nós dois para enfrentar os desafios. Eu o deixava na escola às 7 da manhã e saía batendo de porta em porta, passava o dia inteiro em busca de novos clientes e, ao final do dia, pegava meu filho na escola, muitas vezes o encontrava dormindo. Pegava o ônibus até em casa, onde preparava o jantar, dava banho, colocava ele para dormir e, em seguida, fazia cotações para meus clientes, tentando desesperadamente fechar negócios para pagar as contas.

Houve dias muito difíceis, em que eu buscava forças de onde não tinha. Muitas vezes, meu filho me pedia um iogurte e eu não tinha dinheiro para comprar. Economizava no ônibus, andava muito a pé para não gastar e sempre estava usando o limite do cheque especial, que se tornava uma bola de neve. Cobria as dívidas no final do mês, mas logo entrava novamente na mesma situação.

Quando meu filho estava prestes a completar 7 anos, meu ex-marido decidiu vender o apartamento. Essa decisão, além de me deixar sem um lar, trouxe uma série de desafios financeiros. Tive que encontrar um novo lar, mudando para um espaço com 50 metros, longe de tudo e sem carro. Apesar das dificuldades, enfrentei essa nova realidade com coragem e determinação. Com muito esforço, consegui comprar meu primeiro carro, mesmo sem entrada e com parcelas que pareciam intermináveis. A determinação de trabalhar e nunca desistir me impulsionou a seguir em frente.

Minha rotina diária era uma verdadeira maratona: saía cedo em busca de clientes, cuidava da casa e do meu filho. Nos finais de semana, aproveitávamos momentos simples juntos, brincando em casa ou em parques públicos, já que não tinha condições financeiras para saídas mais elaboradas. Às vezes, fazia dívidas extras para proporcionar um passeio especial ao meu filho, pois queria que ele tivesse momentos felizes.

Férias eram passadas na casa da minha mãe, que morava na praia. Enquanto meu filho se divertia com os primos e meu pai, eu ficava trabalhando, tentando equilibrar responsabilidades e lazer. Havia dias em que me sentia sobrecarregada, chorando e questionando a Deus por que tudo aquilo estava acontecendo comigo. Perguntava-me por que minha vida não deslanchava, por que parecia que eu estava presa em um ciclo sem fim.

Pensei em desistir inúmeras vezes, mas a responsabilidade de ser a única provedora do meu filho me impedia de jogar a toalha. Um dia, ao participar de um curso e reencontrar um antigo colega de trabalho, aconteceu um momento decisivo. Ele me convidou para ser sócia da empresa Gmaior e, apesar do receio, decidi arriscar. Acreditava que não conseguia mais trabalhar sozinha.

Com essa nova oportunidade, as coisas melhoraram um pouco, mas ainda era difícil sustentar minha família. Minha vida girava em torno do meu filho e do trabalho, e muitas vezes esquecia de me cuidar.

Estava afundada em dívidas de cartão de crédito e a luz no fim do túnel parecia uma mera miragem. A cada ligação que eu recebia, minha esperança crescia, mas a frustração era grande quando não conseguia fechar o negócio. Mesmo assim, a ideia de desistir não era uma opção, pois meu filho era minha motivação para continuar lutando.

Nessa época, minha situação financeira era crítica: prestações do carro, condomínio, escola do meu filho e o cartão de crédito, eu me sentia perdida e sem rumo. Foi então que meu irmão me ofereceu ajuda para que eu pudesse quitar minhas dívidas, com a promessa de que eu pagaria quando minha situação melhorasse. Embora soubesse que teria muita dificuldade em saldar uma dívida tão grande, aceitei sua ajuda e continuei trabalhando incansavelmente.

Em meio a essa turbulência, minha cunhada decidiu me inscrever em um *site* de relacionamentos. No início, eu relutei, mas acabei concordando e, meses depois, meu atual marido me encontrou. Era agosto e começamos a nos falar por telefone. Ele tinha duas filhas, Juliana e Soraya, e eu tinha o Vinicius, que já estava com 9 anos, além do nosso adorável pet Nana. Nossa conexão e afinidade foram crescendo e, após dois meses, finalmente marcamos um encontro.

Estava apreensiva, pois nunca havia saído com alguém antes de conhecê-lo pessoalmente. Ele me levou para jantar em um restaurante italiano e, com um gesto super-romântico, me presenteou com flores. No entanto, eu não queria me envolver em um novo relacionamento, muito menos me casar novamente, já que meu primeiro casamento havia sido muito conturbado. Mas ele era diferente; me tratava com respeito e carinho, não só a mim, mas também ao meu filho. Um ano depois, decidimos morar juntos.

Mesmo com muitas dívidas ainda, especialmente com uma dívida significativa, sentia-me mais segura, sabendo que não estava mais sozinha. Tinha um companheiro ao meu lado, disposto a me apoiar. Com o tempo, as coisas começaram a fluir na minha empresa. Consegui conquistar novos clientes e indicações e isso me trouxe a tranquilidade necessária para oferecer mais produtos sem medo de não conseguir fechar negócios. Fiz um seguro para um cliente importante e, com isso, comecei a pagar minha dívida com meu irmão. Após dois anos, meu marido me presenteou com um carro melhor, o que me possibilitou vender o antigo e quitar as minhas dívidas.

Apesar de tudo, ainda enfrentava desafios financeiros, pois as despesas com meu filho consumiam a maior parte do que eu ganhava. Mas, com o passar do tempo, as coisas melhoraram. Senti-me mais confiante em relação à minha profissão e acreditava que havia superado as dificuldades mais severas. No entanto, a vida me apresentou mais um desafio: meu pai adoeceu e, em apenas seis meses, faleceu, devido a um câncer no rim. Essa perda foi devastadora, não apenas para mim, mas para meu filho, que havia perdido a figura paterna amorosa e protetora.

Dois anos depois, tive um sonho com meu pai, algo que não acontecia com frequência. Decidi levar meu filho ao médico para exames de rotina. Ele tinha 15 anos e, durante os exames, descobrimos que também estava com câncer no rim, exatamente como meu pai. Foi uma fase extremamente difícil e eu precisei ser forte para controlar a ansiedade dele, que temia seguir o mesmo destino que o avô.

Minha única certeza era que tudo iria dar certo. Descobrimos a doença em julho e em agosto ele passou pela cirurgia. A cirurgia foi um sucesso e tive o apoio incondicional do meu marido e da minha família. Meu filho se recuperou e, aos poucos, a vida voltou ao normal.

Com o passar dos anos, os negócios melhoraram e realizei meu sonho de viajar para a Europa com meu marido para conhecer a casa e a família dos meus pais, em Portugal. Em seguida, decidi montar um escritório fora de casa para expandir meus negócios. Passei a fazer cursos para aperfeiçoar meus conhecimentos e prover novos produtos para meus clientes. Meu negócio começou a crescer, mas sempre com a preocupação de prestar um serviço de excelência para encantar meus clientes e assegurar a fidelização. No ramo de seguros muitos procuram o menor preço, mas eu faço questão de prestar um serviço diferenciado, com qualidade, a fim de que eu possa cobrar um preço justo.

Meus clientes são meu tesouro que guardo no coração. O estreito relacionamento com eles me tornou uma profissional melhor. Por isso, sempre digo a quem está começando: nunca pare de se aperfeiçoar e ame sua profissão. A luta é diária, conquistar clientes não é fácil, mas, se você tem um diferencial, as coisas tendem a fluir.

Recebo elogios sobre meu atendimento, e isso me faz acreditar que todas as dificuldades enfrentadas valeram a pena. Cada desafio superado me fortaleceu e me ensinou a importância de nunca desistir. Então, se eu consegui superar todas essas barreiras, você também pode!

“Nas adversidades, mantenha a luta e a esperança, sem nunca desistir dos seus sonhos e de um futuro melhor.”

Angela Proença

Caroline Rodrigues

Sou Caroline Rodrigues, natural de São Paulo/SP, onde resido atualmente com minha família: meu esposo Douglas Rodrigues, com quem sou casada há quatorze anos, e nossos três filhos: Isabelly, Emanuelly e Eduardo.

Sou mentora, escritora, pastora e empresária. Minha missão é ajudar mulheres a encontrarem sua verdadeira identidade e casais a viverem um casamento CAD (Completo, Alegre e Duradouro).

Hoje, além de conduzir três empresas com meu sócio e esposo, nós ajudamos pessoas, famílias, casais e empresas que desejam alçar voos maiores em suas vidas, principalmente na área emocional, financeira e conjugal.

carolinerodrigues.mentora
casamentocad
+55 (11) 91870-8475
agyletreinamentos@gmail.com

DESPERTE O PROPÓSITO QUE HÁ EM VOCÊ E FLORESÇA

5

Por Caroline Rodrigues

Quero iniciar esta leitura fazendo uma pergunta: **quem é você? Você realmente sabe qual é a sua verdadeira identidade?** Infelizmente, eu mesma tive dificuldade em descobrir a minha. Desde os primeiros momentos da minha vida, enfrentei desafios que deixaram marcas profundas. Na barriga da minha mãe, experimentei minha primeira rejeição: meu pai não quis saber de mim nem dela. Minha mãe se viu sozinha, lidando com uma gravidez não desejada, e esse foi apenas o começo de uma jornada difícil.

Com menos de dois meses, fui internada no hospital, onde minha mãe enfrentou dias sombrios e incertos. Mas, graças a Deus, me recuperei e essa fase passou. Minha mãe conheceu outra pessoa, que me aceitou como filha, e finalmente pude ter um sobrenome no meu RG. Após dois anos, minha mãe engravidou novamente e a família começou a crescer. Parecia que estávamos finalmente em um lugar feliz.

Contudo, os anos passaram, e o que parecia um conto de fadas começou a desmoronar. Meu pai, que deveria ser o pilar da família, começou a se afundar nas bebidas, levando-me ao meu segundo abandono. Vi minha mãe sofrer novamente, e eu e meu irmão éramos pequenos demais para fazer algo a respeito. Ela começou a trabalhar incessantemente, tentando sustentar a casa, enquanto meu irmão amava brincar de pipas e eu me isolava cada vez mais em casa.

Nessa solidão, vivi experiências que marcaram minha infância. Uma delas foi quando quase fui sequestrada. Enquanto minha mãe levava meu irmão para a escola, um homem apareceu na porta de casa, chamando meu nome e dizendo que minha mãe estava me esperando em uma loja. Confiei nele porque ele sabia meu nome. Ele me disse que me esperaria na esquina. No entanto, ao me aproximar do portão, percebi que ele não estava sozinho. Um medo intenso tomou conta de mim, e, em um impulso, corri na direção oposta, avistando minha mãe mais adiante.

Contei a ela o que havia acontecido, e, naquele momento, soube que Deus estava me protegendo, mesmo sem eu entender completamente. A vida sem a presença de um pai era repleta de dificuldades e dor, e muitas vezes me vi lutando com esses sentimentos. No entanto, ao longo dos anos, Deus começou a trabalhar em meu coração, e pude perdoar os meus dois pais. Hoje, tenho um relacionamento saudável com eles.

Desde nova, sempre tive o sonho de ter meu próprio dinheiro e comecei a trabalhar cedo, mas, sem organização financeira, acabava gastando mais do que recebia. Ainda jovem, engravidei e me casei, então tive que priorizar o cuidado com o lar. Foram dias difíceis, em que não sabia como lidar com tudo, mas o amor pela minha família me deu forças para continuar.

Quando finalmente pensei em voltar ao trabalho, engravidei novamente e passei mais um tempo dedicada exclusivamente ao lar. Nesse período, o cansaço começou a pesar e eu perdi as esperanças, sentindo que tudo o que fazia não era suficiente. Para manter minha mente ocupada, comecei a fazer artesanato, o que me trouxe uma satisfação temporária. Eu me senti útil por um breve momento.

Mais três anos passaram, e eu estava grávida pela terceira vez. Não conseguia entender por que meu sonho de ter uma carreira estava se distanciando enquanto eu continuava focada apenas no lar. No entanto, não posso reclamar, tive o privilégio de vivenciar cada momento da criação dos meus três filhos, algo que sei que muitas mulheres não têm a oportunidade de fazer.

Com o terceiro filho, percebi que era possível conciliar o cuidado com a família e o trabalho. Comecei a ajudar na empresa do meu marido (falo do meu marido e não nossa, pois nessa época ainda não éramos totalmente alinhados), o que me deu uma nova oportunidade de voltar a trabalhar, sem deixar de lado o cuidado com o lar. Iniciei no setor administrativo e, aos poucos, fui contribuindo para o crescimento da empresa. Meu marido, reconhecendo a importância de trabalharmos juntos, me tornou sócia. Foi nesse momento que percebi o quanto poderia ter me despertado para isso antes, mas muitas vezes lutei sozinha, sem uma referência próxima. Trabalhar ao lado do meu esposo me trouxe realização, pois consegui conciliar vida profissional e o cuidado com a minha família, algo que sempre desejei.

Dê o primeiro passo

Acredito que muitos de nós carregamos feridas que moldam nossa identidade e nossa maneira de ver o mundo. Assim como eu, você pode ter enfrentado situações desafiadoras que deixaram marcas profundas. Mas é possível encontrar cura e, acima de tudo, entender que a sua identidade não está definida pelas circunstâncias que você viveu, mas pela verdade de quem você realmente é. **A jornada para se conhecer pode ser longa, mas cada passo é um passo em direção ao florescer da sua verdadeira identidade.**

Hoje, ajudo outras mulheres que passam por desafios semelhantes aos meus e sou grata a Deus por cada experiência. Agora, meu propósito é levantar outras mulheres e mostrar a elas o quanto são incríveis e capazes de realizar seus sonhos e objetivos.

Tenho um projeto voltado para mulheres empreendedoras e para as que desejam empreender, no qual eu e outros profissionais ajudamos essas mulheres a expandir a mentalidade e organizar suas finanças para o sucesso de suas vidas e seus negócios. Com as ferramentas certas, elas podem crescer e prosperar. Além disso, com minha Mentoria Florescer, ajudo mulheres a equilibrarem suas emoções e trazerem harmonia para todas as áreas de suas vidas. Juntas, criamos um movimento de apoio, em que uma mulher ajuda a outra a florescer.

Muitas mulheres vivem anos de suas vidas sem conhecer sua verdadeira identidade. Elas acabam aceitando migalhas, conformando-se com o pouco que a vida oferece, sem perceberem o quanto são valiosas. Eu fui uma dessas mulheres. Passei dias, meses, até anos reclamando, sentindo-me paralisada e vazia, sem forças para mudar. Vivia no automático, apenas existindo, sem propósito.

Foi só quando decidi sair da minha zona de conforto e me conhecer verdadeiramente que comecei a entender o que eu realmente estava perdendo. **Foi nesse momento de autodescoberta que encontrei meu propósito aqui na Terra.**

Somos filhas amadas

"Vejam como é grande o amor que o Pai nos concedeu: sermos chamados filhos de Deus, o que de fato somos! Por isso o mundo não nos conhece, porque não o conheceu" (1 João 3:1).

Hoje, não tenho mais dúvidas: **sou uma filha amada e desejada por Deus**, e isso me traz uma segurança e paz que eu jamais havia experimentado antes. Essa certeza de ser profundamente amada também me conecta de forma mais plena com as pessoas que amo. E foi essa transformação que me levou a me tornar uma mentora para outras mulheres. Eu enxerguei em mim o que tantas mulheres estão vivendo: uma falta de esperança, um vazio que parece insuperável. E é por isso que hoje dedico minha vida a ajudar outras mulheres a encontrarem o caminho de volta para si mesmas.

Quando conheço uma mulher pela primeira vez, a primeira coisa que digo é o quanto ela é preciosa aos olhos de Deus. Muitas de nós não sabemos o valor que temos. Talvez você que está lendo também se sinta assim. Talvez você tenha se acostumado a viver no piloto automático, fazendo apenas o que é necessário para sobreviver, sem realmente entregar amor, nem para si mesma, nem para os outros. Muitas mulheres sofrem caladas, sem conseguir expressar o que estão sentindo, e, para os que estão ao redor, isso parece exagero. Mas eu entendo. Eu sei o quanto essas dores podem nos prender.

Algumas de vocês podem ter feridas profundas, que tornam difícil amar novamente. Outras talvez vivam desconfiadas, machucadas por traições, não apenas de um parceiro, mas também de amigos ou familiares. Eu não sei exatamente como você se sente, mas sei de uma coisa: você não nasceu para viver de migalhas. Deus tem um propósito único e especial para a sua vida, e você precisa se abrir para o Espírito Santo, pois é através dEle que essa transformação pode acontecer.

Sua dor pode se tornar o seu maior testemunho, a história que vai inspirar outras mulheres a se levantarem e florescerem.

Assim como aconteceu comigo, sua jornada também pode ser o começo de algo extraordinário.

A vida é cheia de surpresas e, muitas vezes, quando menos esperamos, somos presenteados com novidades. Algumas delas são alegres e inspiradoras, enquanto outras podem se apresentar como desafios. É importante lembrar que não devemos desistir diante das dificuldades que a vida nos impõe. Enfrentar esses desafios é o que nos impulsiona a viver plenamente o nosso propósito.

Saiba que você não está sozinha nesta jornada. Você foi criada para vencer e cada obstáculo é uma oportunidade de crescimento. À medida que nos tornamos mais fortes, é natural que também enfrentemos adversários mais intensos. Mas isso não deve nos desmotivar; em vez disso, devemos encarar a vida como um videogame, em que passamos por diferentes fases, cada uma trazendo suas lições e recompensas.

Meu desejo é que, ao final deste capítulo, você tenha uma compreensão mais profunda de sua verdadeira identidade e que sinta a vontade de se conhecer ainda mais. Uma das minhas maiores dificuldades era a forma como me relacionava com os outros. Para superar isso, busquei alguns treinamentos que me ajudaram a refletir sobre meu perfil comportamental. Essa jornada de autoconhecimento me fez perceber que Deus não errou ao me criar.

Aprendi a apreciar as diferenças entre as pessoas, e essa aceitação trouxe um amor mais profundo por aqueles ao meu redor. Cada um de nós é único, e é essencial que respeitemos e celebremos essas singularidades.

Portanto, abrace sua jornada de autodescoberta. Cada passo que você der nessa direção não apenas fortalecerá sua identidade, mas também lhe permitirá construir relacionamentos mais saudáveis e significativos.

Se você tiver interesse em aprofundar e acelerar a descoberta da sua verdadeira identidade, lhe convido a participar da nossa Mentoria Florescer, nos chame no WhatsApp e agende sua sessão diagnóstica.

Espero você lá. Beijos. Fica com Deus!

"Você não nasceu para viver de migalhas; dentro de você há um propósito grandioso esperando para florescer."

Caroline Rodrigues

Chloé Grimm

Meu nome é Chloé Grimm, sou psicóloga clínica e já ajudei diretamente mais de oitocentas mulheres a alcançarem relações mais saudáveis e significativas com elas mesmas e com o outro.

Minha missão é auxiliar mulheres a encontrarem no autocuidado a base para as relações leves e prazerosas que desejam. Eu acredito que a qualidade dos nossos relacionamentos é diretamente proporcional ao nível de cuidado que dedicamos a nós mesmas. Em resumo: se você deseja ser (e sentir-se) amada, você precisa cuidar de você! É sobre isso que falo diariamente nas minhas redes sociais e é isso que promovo através de cursos, mentorias e terapia. Será uma honra lhe auxiliar na sua trajetória!

chloepgrimm

chloepgrimm

+55 (67) 98211-5788

chloepgrimm

Elas fazem ACONTECER
Mulheres que inspiram e transformam

AUTOCUIDADO: A CHAVE PARA RELAÇÕES SAUDÁVEIS

6

Por Chloé Grimm

Autocuidado não é luxo. É necessidade. Essa é a primeira mudança de perspectiva que você precisa ter se quiser melhorar a qualidade dos seus relacionamentos. Por muito tempo, a sociedade nos fez acreditar que o autocuidado era algo supérfluo, algo a ser feito quando é possível, quando sobra dinheiro ou quando a rotina permite. Como algo merecedor de uma atenção secundária e perfeitamente dispensável quando as demandas estivessem acumuladas. Mas quais são os efeitos disso? **Como é a vida de uma mulher que não se cuida?** E eu não estou falando da aparência! Estou falando de cuidar de si como um todo: se divertir, passar tempo com amigas, estudar, cuidar do ambiente em que se mora etc.

O autocuidado deve ser o centro na vida de qualquer mulher, porque somos culturalmente programadas a doar! Desde novas, somos valorizadas por nossa generosidade, gentileza e compaixão. E tudo bem até aqui, não tem nada de errado em ser generosa, gentil e compassiva, muito longe disso. Mas esquecem de nos ensinar que precisamos **nos** cuidar também! Que a maior parte das nossas demandas e necessidades só podem ser totalmente atendidas por nós mesmas. Ninguém pode sair com suas amigas por você, ou dançar ao som da sua música favorita, ou tomar um banho quente depois de um dia estressante, ou até fazer terapia no seu lugar. As suas necessidades são de sua responsabilidade!

E é importantíssimo que você cuide delas antes de se dispor a cuidar dos outros.

É fundamental que, antes de você se doar, você se preencha. O que, no final das contas, é apenas uma forma de garantir que realmente terá algo a entregar! Só quando cuidamos de nós mesmas é que estamos realmente prontas para cuidar dos outros. Eu sempre repito a frase: "Jarra vazia não enche o copo de ninguém!" e ela me serve como lembrete da máxima: se eu espero poder cuidar e amar o outro, preciso me certificar de que realmente tenho o que oferecer a ele. Enquanto eu não me preencher, o que tenho para entregar, sem que eu fique esvaída e fraca? Não tem como entregar ao outro aquilo que não tenho! Parece contraditório — e até egoísmo! — mas, para construir relações saudáveis, é essencial que você se coloque em primeiro lugar.

E aqui, eu quase consigo ouvir as suas objeções. "Eu não tenho tempo!" ou "eu não tenho dinheiro para isso!" sendo as mais comuns. Pois permita-me alterar sua percepção do que realmente é autocuidado efetivo — o que eu proponho que você pratique! Autocuidado não precisa ser complexo, demorado ou custar rios de dinheiro. Na realidade, minha experiência me mostra que o simples, repetido com frequência, tem muito mais efeito do que o grandioso, mas esporádico. Basicamente, vai ter mais impacto você adotar todos os dias comportamentos simples, como passar creme no corpo, tomar a quantidade indicada de água ou até se movimentar por 10-15 minutos, do que fazer uma viagem internacional uma vez ao ano, ou pagar por um *spa day* a cada três meses.

Eu costumo inclusive sugerir que você, intencionalmente, priorize o simples, justamente porque ele pode ser feito todos os dias. O simples, se feito com a intenção genuína de se cuidar, é extremamente poderoso! Por isso, eu costumo sugerir a criação de uma "Lista de 20 coisas que me fazem sentir bem". Nela você vai inserir coisas tão simples e rápidas, que você vai conseguir fazer todos os dias, não importa quão corrida ou difícil esteja a vida. Coisas como tomar um banho quente, dançar ao som da sua música preferida, ligar para uma amiga querida, escrever no diário, ler **uma** página de um livro, acender uma vela ou pentear o cabelo. Eu mesma tenho a minha, e procuro fazer pelo menos três coisas da lista todos os dias. Quando eu me sinto sobrecarregada ou cansada, tenha certeza: deixei de consultar minha lista naquele dia.

No começo, pode parecer que inserir o autocuidado na sua rotina signifique colocar mais uma coisa em um prato que já está cheio. Mas o que eu percebi ao longo dos anos é que quando praticamos autocuidado o tempo se expande! É como mágica! Quanto mais nos cuidamos, mais tempo e disposição temos. E não só isso, os efeitos do autocuidado no nosso humor e bem-estar são gritantes e incontestáveis! Mulheres que praticam autocuidado são muito mais felizes! E são porque, conforme vão praticando autocuidado, vão aprendendo a se amar. Só cuidamos de quem amamos, afinal.

Mulheres que praticam o autocuidado são mais felizes porque estão preenchidas e vão para o mundo com suas necessidades atendidas, por isso não esperam do outro aquilo que necessariamente é de sua responsabilidade, mas também conseguem amar de forma muito mais genuína e generosa. Inserir o autocuidado na rotina é uma forma de lembrar a si mesma com frequência que você é digna de carinho e atenção. E essas pequenas ações de autocuidado sinalizam para o seu cérebro que você merece mais do que migalhas, que merece um amor que lhe enxerga, respeita e considera.

É desta forma que o autocuidado impacta a forma como (e se!) estabelecemos limites. Muitas vezes, toleramos situações e desconfortos que não deveríamos. Aceitamos atitudes desrespeitosas e comportamentos inadequados porque entendemos isso como "amor", ou porque não achamos que merecemos mais. Mas o verdadeiro amor não desrespeita.

Cultivar o autocuidado nos dá a força para impormos limites saudáveis e, assim, atrair relacionamentos que estejam em sintonia com quem realmente somos e desejamos. Quando você se cuida, você se respeita. E quando você se respeita, não aceita na sua vida quem não faça o mesmo. Quando você passa a se enxergar como alguém digna de amor, respeito e atenção, você comunica (mesmo sem perceber) o tipo de tratamento que espera receber. E o outro, de uma forma surpreendente, começa a responder de acordo. Esse é o ciclo virtuoso que leva a relações mais felizes e equilibradas. É dessa forma que o autocuidado é a chave para ter relações prazerosas, leves e saudáveis!

Sobre isso, algumas perguntas para você refletir: você trata os outros como gostaria de ser tratada? Ama os seus com o amor que gostaria de receber? E se trata melhor ou pior do que trata os outros?

Através de pesquisas no meu Instagram, descobri que a maioria das mulheres trata os outros como gostaria de ser tratada, mas se tratam muito pior do que tratam os outros. Acontece que, em meio à rotina, esquecemos de olhar para nós mesmas com o mesmo carinho e dedicação que oferecemos a terceiros. Quantas vezes você se deu o amor que gostaria de receber? Quantas vezes se deu o mesmo amor, cuidado e carinho que entrega ao outro? E o que aconteceria se, todos os dias, nos tratássemos com a mesma compaixão com que tratamos um amigo querido? Ou com o mesmo respeito que tratamos um estranho? Se, ao invés de nos julgarmos e nos cobrarmos tanto, escolhêssemos praticar a gentileza e o acolhimento conosco?

É esse o convite que lhe faço com este capítulo. Que você se cuide como forma de aprender a se amar da mesma forma que espera ser amada pelo outro, e com a mesma generosidade com que ama os seus queridos. Veja, amar alguém e ser feliz ao lado dessa pessoa não significa abrir mão de quem você é. Amar é caminhar junto. E, para caminhar junto, você precisa estar bem, forte, e isso só acontece quando você se cuida. **Amar e se cuidar não são coisas opostas.** Na verdade, se cuidar é a melhor forma de garantir que você pode amar de forma plena, sem se perder no processo.

O autocuidado é o caminho para essa autonomia. Quando você estabelece um compromisso com o seu bem-estar, com a sua saúde emocional e mental, você está dizendo a si mesma que você importa. E essa mensagem é fundamental para qualquer relacionamento. **Porque, a partir do momento em que você**

acredita que merece ser bem tratada, você não aceita menos do que isso de ninguém. Uma relação saudável é feita de duas pessoas inteiras, e não de metades tentando se completar.

Nada disso é possível sem que você entenda que você existe, importa e precisa ser vista e cuidada também! Quantas vezes você se pegou dizendo "não sei o que faria sem ele" ou "ela é tudo para mim"? Essas frases refletem um medo profundo de perda, um medo de não ser suficiente sem o outro. E esse é o ponto central da dependência emocional: quando o amor que temos por outra pessoa nos faz esquecer quem somos. Acontece que um amor saudável deve ser construído em bases de autonomia. Amar não significa se anular, não significa viver apenas em função do outro. Pelo contrário, um amor saudável nos permite florescer, nos encoraja a ser quem somos em nossa totalidade, com nossas vontades, sonhos e limites. **Amar é compartilhar a vida com alguém, e não a entregar por completo.**

Quando estamos bem conosco, não precisamos de alguém para nos "completar", mas sim para compartilhar. E essa é uma diferença crucial. Você deixa de buscar alguém por necessidade e passa a escolher alguém por vontade. Isso transforma completamente a dinâmica dos seus relacionamentos, que passam a ser baseados em liberdade, e não em dependência.

Então, se você está se sentindo sobrecarregada, se percebe que está aceitando menos do que gostaria em suas relações, comece pelo autocuidado. Pergunte-se o que você pode fazer por si hoje. Talvez seja tomar um banho um pouco mais longo, fazer uma caminhada ao ar livre, ou simplesmente dizer "não" para algo que você realmente não quer fazer. Esses pequenos atos de autocuidado vão, aos poucos, fortalecendo sua autoestima e mostrando ao mundo que você é digna de um amor verdadeiro.

Autocuidado é um ato revolucionário em um mundo que nos ensina a sempre priorizar o outro. Mas, para construir relações saudáveis e duradouras, é necessário, antes de tudo, cuidar de si. Só assim você poderá oferecer ao outro o melhor de quem você é — e receber dele o amor que você verdadeiramente merece.

"Autocuidado é o caminho para viver relações felizes: você só vai conseguir amar verdadeiramente o outro depois de aprender a se amar!"

Chloé Grimm

Débora Maciel

Meu nome é Débora Maciel, tenho 43 anos e resido em Ribeirão Preto/SP com meus amados filhos, Gabriel e Miguel.

Sou psicanalista clínica e didata, escritora, mentora e professora. Há mais de dez anos, ajudo pessoas a se encontrarem e se desenvolverem através do autoconhecimento, utilizando atendimento clínico, grupos de estudos e supervisão, melhorando suas vidas e sua postura profissional.

Sou idealizadora da Comunidade Matermente, onde auxilio mães de todos lugares a transformar a maternidade, a educação de filhos e o desenvolvimento infantil através de palestras, encontros semanais e cursos.

Mas, como nem tudo são flores, nesses últimos anos tenho vivido meu maior desafio e vou aqui compartilhar.

tratamente.deboramaciel

matermente

+55 (16) 98220-8272

contato.tratamente@gmail.com

tratamente.com.br

ALÉM DA DOR: ME REDESCOBRI QUANDO O PERDI

7

Por Débora Maciel

Apesar de hoje parecer estar tudo bem e a tempestade ter se acalmado, muita coisa aconteceu até aqui.

Hoje, meus filhos e eu conseguimos respirar melhor, sorrir e ter esperança de novo. Hoje consigo ter perspectiva de um futuro, o que nos últimos anos isso parecia ser impossível e, apesar de ter duas crianças que precisam de mim, eu andava muito triste e sem acreditar que ser feliz de novo era possível. Literalmente, a tristeza e a infelicidade estiveram presentes por dias a fio e a incapacidade era minha companheira inseparável.

Em 23 de março de 2021, nossa vida mudou, meu esposo foi diagnosticado com covid-19 e, de lá para cá, foi uma luta gigante e parecia sem fim. Muita coisa nos sobreveio, tudo mudou em nossa vida. Nós tivemos que aprender a lidar com uma dor que jamais sentimos antes e que jamais imaginamos que sentiríamos: a perda dele. Isso gerou muitos sentimentos e muitas emoções que não havíamos experimentado até então.

A dor da perda de um companheiro de vida foi a maior dor que já enfrentei. Miguel tinha apenas 2 anos e Gabriel tinha 6; eles tiveram que aprender a lidar com a perda e a ausência do pai que eles amavam e sentem a falta até hoje. Apesar de tudo isso, juntos encontramos o caminho para conseguirmos superar e continuar nossas vidas; hoje estamos nos adaptando a uma vida sem ele. Além de tudo, é bom saber que temos um Ser que cuida nós, que nos ama, Deus que nos sustenta e nos direciona para um amanhã melhor.

Meu esposo trabalhava com TI em uma empresa de saúde aqui da cidade, e, apesar da orientação ser trabalhar em *home office*, o chefe dele solicitou que ele acompanhasse alguns funcionários visitantes de outra regional no setor de covid-19, para atualização do *software*. Depois descobrimos que possivelmente foi neste dia que ele foi contaminado, já que tomávamos todos os cuidados e precauções com relação à exposição, principalmente com relação às crianças.

Logo que foi diagnosticado, deu início ao tratamento com orientação médica, mas, no dia 28 de março de 2021, ele foi internado já com 80% do pulmão tomado pelo vírus, e no dia 30 de março foi entubado, ficando assim por nove dias. Foram dias de muito choro e sofrimento, muita oração e o silêncio dele. Nove dias sem poder vê-lo ou falar com ele. Muita dor, muita angústia, muito medo, muito sofrimento.

A solidão das noites em pranto e oração foram longas. As manhãs eram de esperança de que ele estivesse melhor e pudesse extubar. Os médicos davam a notícia por telefone e, por incrível que pareça, ele melhorava a cada dia, mas deixei de prestar atenção na frase mais importante: "o caso dele é grave".

Meus dias eram assim: acordava orando e chorando, cuidava das crianças orando, ia trabalhar, esperava a ligação dos médicos com notícias, colocava as crianças na cama, orávamos, falávamos sobre o papai. Eu ia para meu quarto e orava, olhava pela janela, para o céu, e agradecia a Deus pela melhora dele e por continuar nos sustentando.

Os nove dias passaram — pareceu uma eternidade — e ele melhorou. Em uma tarde, recebi uma chamada de vídeo do hospital, me lembro como se fosse agora. Estava com as crianças no quarto delas e eu atendi, a médica do outro lado disse: "Senhora Débora?"; eu respondi que sim, e ela continuou: "Tiramos a sedação do senhor João e ele quer muito falar com a senhora, não é o procedimento, mas como ele não consegue se acalmar, vamos deixar, porém, ele não pode ficar agitado demais, caso contrário teremos que sedá-lo novamente". Minha emoção foi a mil, nem sabia o que dizer, mas quando o vi e percebi que ele estava tão agitado e desorientado que nem entendia que havíamos ficado tanto tempo longe, percebi que precisava acalmá-lo, e foi o que fiz. Ele viu as crianças, queria saber se estavam todos bem e logo foi se acalmando. Foi o primeiro dia que o vi depois de nove dias, muita emoção, muita alegria.

Senti que meu coração podia ficar um pouco mais calmo e eu conseguia respirar um pouco melhor, mesmo ele estando na UTI. Ao menos era o que eu pensava naquele momento. Naquela noite, fomos dormir mais em paz.

Na UTI, ele ficou por mais três dias e nos falávamos por vídeo. E no domingo, 11 de abril de 2021, ele foi para o quarto. Lembro-me de correr pelos corredores do hospital para encontrar com ele, o tempo que ficamos sem nos ver parecia demais. Quando abri a porta do quarto e o vi sentado na cama, meu coração quase saltou pela boca, minha alegria era incontrolável. Eu o abracei e não queria mais soltá-lo, e ele com receio de me contaminar. Claro que não existia esse risco, pois ele já não tinha mais o vírus.

Ele pouco me contou do tempo que ficou na UTI, mas pelo que me transmitiu foram dias muito difíceis. Tudo que sentiu e presenciou. Quanta dor sentiu e quantas pessoas morreram do seu lado. Ainda ali, sentindo dor e vivendo seu adoecimento, ele me confessou que gostaria muito de fazer algo para ajudar aquelas pessoas, de pensar em algo que pudesse aliviar a dor e o sofrimento. Isso era uma das coisas que eu admirava nele, mesmo com suas incapacidades, ainda assim ele pensava em ajudar o próximo. Pude vê-lo por mais dois dias; foram dias incríveis que tive com ele e aproveitei cada minuto, Deus os tornou inesquecíveis.

Mas, como disse, não me atentei ao mais importante, o estado dele era grave. E quando achei que agora era só a recuperação, veio a grande surpresa. No terceiro dia, ele teve uma intercorrência e retornou para UTI. No final do dia, recebi uma chamada de vídeo dele. Estava com as crianças; ele falou com o Miguel pela primeira vez depois da extubação e foi uma alegria. Miguel não falava muito - pois era bebê - e neste momento ele disse: “Papai, te amo, saudades”. João Luiz ficou muito emocionado. Ele também falou com o Gabriel. Neste meio tempo, ele passou mal e logo nos despedimos.

Soube depois que, após a ligação, ele teve uma grande hemorragia interna com muitos episódios de vômitos de sangue; em sequência, teve uma parada cardíaca com tentativas de ressuscitação por 30 minutos, sem resultado.

Mais tarde, dia 14 de abril, às 21:05h, recebi a notícia do seu falecimento. Estava colocando os meninos para dormir e eu já sabia o que viria a ser; por mais que não deixaram claro, acabei preparando meus filhos. O Gabriel ficou muito triste, pegou uma foto que tínhamos com o pai e chorou. Eu o acolhi nesse momento, o consolei e ele quis ir descansar. O Miguel ficou quietinho e logo também dormiu. Minha sogra ficou com os meninos para que eu fosse ao hospital receber a notícia, reconhecer o corpo e organizar os preparativos para o velório e enterro. Tive o acompanhamento de uma amiga muito querida, minha vizinha na época, e o pastor da minha igreja.

Após sua morte, veio a adaptação, dias bem difíceis. Foram pelo menos 30 dias de choro contínuo — sim, eu chorei muito. Tivemos quase 20 anos de união, vivemos muitas coisas, todos os lugares, as lembranças. São dois filhos que me lembravam todos os dias que eu precisava continuar, mesmo não querendo. Ouvi muitos dizerem que eu tinha que viver por eles, mas não é assim que funciona, era preciso eu querer viver por mim mesma. Foi preciso encontrar algo dentro de mim que me fizesse querer continuar, me fizesse querer estar aqui.

Após quatro meses, vivemos outro choque: meu pai também faleceu de covid-19, e agora eram duas perdas significativas. Foram dias de muito clamor a Deus, mas eu não tinha mais forças para orar, pois minhas forças se foram quando meu esposo se foi. Eu apenas pedia a Deus que me reerguesse, e foi muita terapia. Muita.

A perda de um parceiro é dolorosamente insuportável, as noites solitárias que se acorda e acredita que ele ainda está ali, o amanhecer que clareia sem a pessoa do lado. A dor que dói em lugares que jamais imaginamos sentir. Meu peito doía muito, achei que ia infartar. Um dia, fui à emergência achando que estava tendo um ataque e era angústia. Pedi ao médico um remédio para dormir e ele me deu; aquele dia fui para casa e dormi.

A sobrecarga das responsabilidades, muitas coisas que era preciso viver, e isso tem que se querer, a palavra "preciso" nesses momentos não é suficiente.

Lembrando que a dor não era só minha, meus filhos também sofriam. O Gabriel chorava a ausência do pai e ficava triste. O Miguel tinha crises na escola e acordava durante a noite, chorando e pedindo pelo pai. Eu sofri muito com a dor deles, pedia ajuda a Deus, pois acreditava que só Ele podia entender e tirar a dor que meus filhos sentiam.

Eu consolava a mim e a dor deles. Minha terapeuta me ajudou nessa caminhada. Durante o primeiro e o segundo ano eles não precisaram de terapia, eu fui acolhendo, com o auxílio dela, a dor deles e os consolando. Hoje eles fazem terapia e estão lidando cada vez melhor com suas emoções.

O primeiro ano foi o mais difícil, o segundo também e o terceiro começou a melhorar. Lembrando que isso é muito particular. Confesso que estou vivendo os lutos e estou me cuidando e curando. Hoje não sinto mais solidão, a dor no peito não me incomoda mais, pois dor é diferente de saudade, saudade sempre existirá. Porém, sozinha nunca conseguiria, foi Deus, terapia, pessoas que me amam e querer me reencontrar, pois foi na ausência dele que descobri que existia mais do que uma simples mulher aqui dentro. Sinto que me redescobri e floresço a cada dia, descobri que voltar a sorrir e ser feliz é possível.

Foi fazendo coisas pela primeira vez, me responsabilizando, que soube que podia mais do que jamais pude. Saiba que na dor é possível encontrar uma força dentro de nós que, muitas vezes, só é revelada com ajuda de um profissional.

Hoje, sou grata por ter encontrado o que nunca imaginei que existia aqui dentro e conseguir ajudar muitas pessoas que tem se achegado, pois, juntas, temos cuidado da dor, do luto, e superado.

Acredite, você vai ouvir de tudo, mas se apegue a quem realmente vai poder lhe ajudar, pessoas que vão lhe mostrar o caminho e estar com você na jornada mais difícil de sua vida, por quem você é, sem lhe julgar. Faça análise. Permita-se conhecer para ir além!

"Foi na ausência dele que descobri que existia mais do que uma simples mulher aqui dentro. Faça análise. Permita-se conhecer para ir além!"

Débora Maciel

Edna Paris

Sou Edna Paris, natural de Curitiba/PR, onde resido com meu marido, Alexandre Lima. Psicóloga e mentora integrativa, tenho como missão guiar mulheres em suas jornadas de autodescoberta e transformação.

Minha paixão pela psicologia começou na adolescência, quando iniciei meu próprio processo terapêutico e decidi seguir essa carreira. Completando vinte anos de formada em 2024, minha trajetória inclui formações em Mediação Judicial, Direito, Psicologia Jurídica, Constelação Familiar e *Coaching*.

Hoje, tenho o privilégio de atender mulheres em mais de sete países e diversos estados do Brasil.

ednaparispsicologia

CHAVE DA PROSPERIDADE: DETERMINAÇÃO E FÉ

8

Por Edna Paris

Quando paro para refletir sobre a minha história e minha relação com a cocriação e a prosperidade, lembro-me da infância. Aos 7 anos, meu pai ficou desempregado e minha mãe assumiu o papel de provedora para nossa família de seis. Nessa época, eu a acompanhava nas vendas de roupas de porta em porta. Cada porta que batíamos era uma lição de persistência e resiliência. Via minha mãe lidar com os desafios e rejeições, mas também testemunhava sua alegria ao conseguir uma venda, seu sorriso ao receber o pagamento que garantiria o sustento da nossa família. Foi ali que comecei a aprender sobre a determinação, mesmo quando tudo parecia desmoronar. Neste caminho, eu não era apenas uma criança acompanhando sua mãe, mas uma aprendiz de algo muito maior: o poder da cocriação e da mentalidade de prosperidade.

Nas brincadeiras, minha imaginação já mostrava sinais do que viria a ser: brincava que tinha uma agenda cheia de compromissos, mesmo sem saber qual profissão estava desempenhando. Usava os talões de cheque que meus pais descartavam e fingia que estava pagando contas. Além disso, sentava-me nas escadas e imaginava estar dirigindo do trabalho para casa, como adulta. Olhando para trás, percebo o quanto eu já era uma cocriadora, mesmo sem saber.

Ao longo da adolescência e início da vida adulta, enfrentei desafios. Crenças limitantes, baixa autoestima e inseguranças tornaram-se meus maiores obstáculos. Aquela criança cheia de sonhos foi se apagando, e a realidade da vida adulta foi tomando conta. Passei por várias questões pessoais que me fizeram duvidar do meu potencial, e foi com a terapia que comecei a me reencontrar e redescobrir minha verdadeira essência. Foi nesse processo que decidi cursar Psicologia, para entender a mente humana e, principalmente, ajudar outras pessoas a encontrarem o caminho de volta para si mesmas.

Em 2015, minha mãe faleceu, e isso trouxe um grande impacto à minha vida. Mesmo já adulta, seu apoio financeiro e emocional me fez muita falta. Em 2016, encerrou-se meu contrato de trabalho como mediadora judicial, que era minha principal fonte de renda, pois havia deixado o consultório de lado. Senti um vazio profundo, como se todas as minhas certezas tivessem desmoronado. Foi um período de luto, não apenas pela perda da minha mãe, mas também pela perda de uma parte de mim que acreditava que a vida sempre seguiria um curso previsível.

Assim, 2017 foi um ano desafiador: minha vida financeira estava muito instável, precisei contar moedas para pagar contas e só conseguia ir ao mercado nos dias de promoção. Mas foi nesse mesmo ano que conheci o amor da minha vida, que hoje é meu marido. Ele trouxe luz para os meus dias sombrios e me fez acreditar novamente no amor, na esperança e no poder de recomeçar.

A grande virada aconteceu em 2018, quando decidi mergulhar nos estudos sobre prosperidade, física quântica e Grabovoi. Aprendi a mudar minha mentalidade e me livrar da escassez. Entendi que, para atrair abundância, era necessário, primeiro, acreditar que eu era merecedora dela. Cada livro que lia, cada vídeo a que assistia, era como se um novo mundo se abrisse diante de mim, cheio de possibilidades que eu jamais tinha imaginado. Comecei a aplicar esses ensinamentos na minha vida e, assim, construí meu próprio método para prosperar. Uma das lições mais importantes que aprendi foi: "Quem ganha comigo quando eu ganho mais?". Fiz uma lista com mais de 80 pessoas, empresas e projetos que seriam beneficiados com meu sucesso. A primeira pessoa que pensei foi minha diarista; na época, ela vinha uma vez por mês, e, à medida que fui prosperando, passei a chamá-la a cada quinze dias e, depois, semanalmente. Cada vez que reajustava o valor dos meus serviços, ela ganhava junto comigo.

Percebi que prosperidade não se limitava apenas a mim. Quando decidia investir em uma nova habilidade ou me dedicar a um novo projeto, eu estava abrindo portas para outras pessoas também. Passei a ser uma fonte de inspiração e motivação para aqueles ao meu redor, mostrando que é possível vencer os desafios e construir uma realidade mais abundante.

Entendi que a prosperidade vai muito além de riqueza material. Ela engloba saúde emocional, relacionamentos e a capacidade de encontrar significado na vida. A verdadeira prosperidade é um estado de espírito que vem de dentro para fora. As crenças limitantes, que muitas vezes carregamos desde a infância, são os maiores inimigos desse estado. A mais comum é a mentalidade da escassez, que nos faz acreditar que os recursos são limitados e que precisamos lutar por tudo.

Quando comecei a tomar consciência de que existe o suficiente para todos e que a colaboração é a chave, minha realidade mudou. Aprendi que a prosperidade começa na mente, mas precisa de ação para se manifestar. Praticar a gratidão e ajudar os outros me trouxe mais abundância. Passei a acordar todas as manhãs e agradecer por tudo o que tinha, por mais simples que fosse. Um teto para morar, comida na mesa, a saúde da minha família. Cada pequeno detalhe da minha vida se tornou uma fonte de gratidão, e, com isso, percebi que quanto mais eu agradecia, mais a vida me presenteava com oportunidades.

A prática da Lei da Atração transformou meu modo de agir. Percebi que nossas ações diárias, por menores que sejam, influenciam o universo ao nosso redor. Quando mentalizamos um objetivo e agimos em prol dele, as coisas começam a fluir. Por exemplo, uma dica prática é manter um diário de gratidão. Escreva diariamente pelo menos três coisas pelas quais você é grato. Joe Dispenza, no livro *Quebrando o hábito de ser você mesmo*[1], sugere que a gratidão é uma forma de aceitar e se conectar com uma nova realidade, como se ela já estivesse manifestada.

1 DISPENZA, J. *Quebrando o hábito de ser você mesmo*. Porto Alegre: Citadel, 2018.

Outra prática importante é o uso de afirmações positivas. Uma afirmação feita constantemente se torna verdade. Na jornada do autoconhecimento, também descobri a Lei da Atração, que reforça que aquilo em que acreditamos e sentimos manifesta-se. Ela pode ser aplicada no dia a dia de forma prática. Por exemplo:

Visualização — Reserve 5 minutos diários para visualizar seus objetivos como se já estivessem realizados. Joseph Murphy, autor de *O poder do subconsciente*[2], enfatiza que a mente subconsciente não diferencia realidade de imaginação. Quando visualizamos nossas metas com clareza e repetidamente, o subconsciente começa a agir como se já tivéssemos atingido esses objetivos, alinhando nossas ações e decisões para manifestar o que desejamos. Faça esse exercício todas as manhãs ao acordar e antes de dormir, pois esses são os momentos em que nossa mente está mais receptiva.

Afirmações — Reforce crenças positivas sobre você e o que deseja manifestar. A repetição constante reforça a ideia em seu subconsciente. Segundo Louise Hay, autora de *Você pode curar sua vida*[3], nossas palavras têm um impacto direto na nossa realidade. Ela defende que, ao repetir frases positivas, como: "Eu atraio sucesso e abundância em todas as áreas da minha vida", estamos reprogramando nossa mente para acreditar e atrair essas realidades. Crie o hábito de recitar suas afirmações em frente ao espelho, olhando nos seus próprios olhos, e sinta a verdade por trás de cada palavra.

Gratidão — Ao agradecer pelo que você já tem, você sintoniza sua mente com a frequência da abundância. Rhonda Byrne, autora de *O segredo*, também destaca que a gratidão é uma das formas mais poderosas de alinhar-se com a energia do universo[4]. Ela sugere que, ao acordar, você escreva pelo menos dez coisas pelas quais você é grato e por que é grato por elas. Ao fazer isso, experimente a emoção da gratidão. Praticar a gratidão transforma

2 MURPHY, J. *O poder do subconsciente*. Rio de Janeiro: Best Seller, 2019.
3 HAY, L. L. *Você pode curar sua vida*. Rio de Janeiro: Best Seller, 2018.
4 BYRNE, R. *O segredo*. Rio de Janeiro: Sextante, 2022.

nossa percepção e nos permite ver oportunidades e bênçãos onde antes só víamos problemas.

Foco e ação — Napoleon Hill, em seu livro *Pense e enriqueça*[5], destaca a importância de agir sobre suas metas com convicção, sem deixar que o medo ou a dúvida atrapalhem. Ele diz: "O que a mente pode conceber e acreditar, ela pode alcançar." Em complemento, Tony Robbins, renomado *coach* e autor de *Poder sem limites*[6], reforça que o sucesso é 20% estratégia e 80% psicologia. Ele afirma que, ao manter o foco em uma meta clara e agir consistentemente em direção a ela, superamos os obstáculos que surgem pelo caminho. Separe um tempo diariamente para se dedicar às suas ações, mesmo que sejam pequenos passos, pois é na consistência que o progresso acontece. Planeje suas atividades de forma que cada ação seja um passo concreto em direção ao seu objetivo.

Hoje, posso afirmar que a prosperidade é um processo de autoconhecimento e que o sucesso acontece quando alinhamos pensamento, sentimento e ação. Todos os objetivos que tracei até agora se realizaram, e tenho certeza de que foi o Criador que permitiu isso. A cada conquista, vejo que a vida está em constante movimento e que somos nós os responsáveis por moldar o nosso destino. Meu desejo é compartilhar essa trajetória para que mais pessoas sejam impactadas e compreendam que a chave da prosperidade está no autoconhecimento.

E, por fim, reforço a pergunta que mudou a minha vida: "Quem ganha comigo quando eu ganho mais?". A verdadeira prosperidade é quando conseguimos multiplicar a nossa abundância e fazer com que ela alcance todos ao nosso redor, criando um ciclo infinito de crescimento e amor.

5 HILL, N. *Pense e enriqueça*. Rio de Janeiro: Best Seller, 2019.
6 ROBBINS, T. *Poder sem limites*. Rio de Janeiro: Best Seller, 2017.

“Quem ganha comigo quando eu ganho mais?”

Edna Paris

Fabíola Silva

Sou casada, gestora, advogada com especialização em Tributário e apaixonada pelo Direito desde os meus 18 anos. Ao longo dos mais de vinte anos de profissão, além de advogada e gestora, fui integrante de Comissão de Licitação Municipal, diretora jurídica da CDL, procuradora de município e procuradora de Câmara Municipal.

Ao atingir os meus sonhos iniciais e me ver obrigada a colocar novos objetivos para me manter em progresso, surgiu um grande desejo de ajudar outras pessoas a, de maneira consciente, mudar a própria mentalidade, tomar decisões e incluir hábitos diários necessários para viver intencionalmente em busca de seus sonhos, com a certeza de que sempre existe um próximo nível.

*fabiolacsilva_*

O SUCESSO PESSOAL COMEÇA COM UMA DECISÃO

9

Por Fabíola Silva

Durante muito tempo, me perguntei o que estava invisível e que diferenciava as pessoas de sucesso das outras, o que separava os que têm dos que não têm, sendo eu uma das pessoas que não tinham. Acho que não preciso dizer que, nesta época, sequer meditava sobre o que era sucesso para mim, o que sugiro que façam antes de continuar esta leitura. Associava sucesso a resultado financeiro, a ter casa elegante, carro confortável, fazer viagens, enfim, acho que tinha um conceito compartilhado pela grande maioria das pessoas.

No final da minha infância, comecei a ver um movimento das minhas irmãs mais velhas em busca de oportunidades. Vi uma delas, através de venda em porta a porta, transformar as sacolas em uma loja, sem qualquer ajuda dos meus pais, até porque eles não tinham recursos para ajudar mesmo se quisessem. Saindo do nada para algo. Esses movimentos também me colocaram em ação e, como eu não tinha muita inclinação para vendas, decidi estudar e buscar oportunidades através do Direito, e, assim, realizar o sonho da minha mãe, já que eu era a quarta tentativa dela de ter uma filha graduada.

Apesar de ser estudante de escola pública na maior parte da minha vida estudantil, passei no primeiro vestibular e, em 2003, estava diplomada em Direito e aprovada no exame da OAB. Concluí minha especialização em Direito Tributário em 2009 e, aos 30 anos, assumi a direção de uma Vara do Trabalho, cargo que ocupo desde então.

Com o passar dos anos e carregando na bagagem da vida muitas experiências, vi que várias pessoas no meu entorno tinham resultados diversos e, muitas vezes, contraditórios; algumas tiveram muitas condições e não prosperaram em quase nada e outras com péssimas condições, incluindo eu, conseguiram resultados futuros que se mostraram surpreendentes.

O que provoca essa diferenciação ao longo da vida? Você já parou para pensar? Observei que as pessoas com resultados expressivos são altamente decididas, agem massivamente em busca da realização de seus projetos, com uma persistência sem fim, são concentradas e sabem dizer não para tudo que tira o foco do que realmente importa.

É bom lembrar que não há como ser decidido e indeciso ao mesmo tempo, e que nossa atitude, conjunto de pensamentos preponderantes, que provocam sentimentos correlatos, que, por sua vez, desdobram-se em ações e hábitos, acaba por moldar o nosso caráter e futuro, atraindo pessoas, objetos e situações correspondentes. Ser capaz de decidir com rapidez e firmeza produz autoconfiança, coragem e a fé inabalável para entrar em movimento e persistir pelo tempo necessário.

Agora, quero lhe provocar a fazer uma pesquisa informal com você, seus familiares e as pessoas no seu entorno. Pergunte, por exemplo, o que estão fazendo no momento para atingir a renda que desejam auferir, levando em consideração o quanto desejam ganhar aos 70 anos. Quando o silêncio se tornar relevante ou você perceber um vazio no olhar, terá a resposta a esta pergunta.

As pessoas não atingem os seus sonhos, sejam eles pessoais, profissionais ou financeiros, simplesmente porque não decidiram isso, nutrem em si desejos insignificantes e incapazes de produzir a energia necessária para o movimento de busca, ficam distraídos com futilidades e recompensas imediatas e não estão dispostos a pagar o preço do que querem, infelizmente. Poucos fazem o processo de desenvolvimento da maneira certa e quem faz consegue. É como se fosse um jogo sem competidores suficientes e os poucos que estão realmente jogando podem ser vencedores; alguns chegarão primeiro, mas mesmo o que chegar por último vencerá.

A maioria das pessoas não está nem jogando, está apenas seguindo uma massa que se movimenta de forma desordenada, gerando dúvida e incompreensão.

As pessoas com resultados expressivos não são necessariamente sortudas, nem são mais inteligentes ou têm mais talento do que a maioria, nem têm conhecimento de segredos ocultos, e apenas poucas tiveram pais ou avós ricos. Na verdade, muitas começaram da mesma forma que você e eu, do nada. A única diferença é que decidiram o que queriam e pagam o preço do esforço concentrado.

Então, convido você a livrar-se da crença de que pessoas que têm melhores resultados são pessoas especiais, tiveram sorte, tiveram os recursos, tiveram dinheiro para começar, conheciam alguém ou são mais espertas, mais inteligentes, mais graduadas, ou qualquer outra coisa. Todos esses pensamentos são desculpas e podem ser contestados facilmente.

As pessoas que utilizam esses álibis para se confortarem ou justificarem os seus resultados pífios raramente são honestas o suficiente para apenas admitir que não tentaram, ou se tentaram não fizeram pelo tempo ou com os ajustes que se mostraram necessários, não persistiram e não tiveram firmeza de decisão. Como diz Napoleon Hill, "um vencedor nunca desiste e um desistente nunca se torna um vencedor".[1]

Somos todos responsáveis por nossas vidas e nossas escolhas, mas apenas os bem-sucedidos admitirão isso, as demais pessoas jogam a culpa da falta de plano, direção e persistência em suas condições atuais, no governo ou em alguém; têm postura eterna de criança em primeira infância, ficando presas a pensamentos que as limitam, sem a menor consciência de que se é o que acredita ser.

As pessoas têm se recusado a observar a abundância que está ao nosso redor, a beleza que nos cerca e o mar de oportunidades que se abre para quem está em busca de crescimento, e, por inconsciência, preferem ficar presas em um universo de falta, preocupações e dificuldades.

---

1 HILL, N. *Quem pensa enriquece*. Porto Alegre: Citadel, 2018.

Segundo Earl Nightingale, "nossas recompensas na vida sempre estarão na proporção exata de nossa contribuição, nosso serviço, e o dinheiro que auferirmos sempre estará em relação direta a: necessidade pelo que fazemos; nossa capacidade de fazer e o grau de dificuldade envolvido em nos substituir".[2]

Para finalizar, convido você a assumir completamente o controle da sua mente, praticando hábitos que irão lhe ajudar a prosperar em qualquer ambiente:

Primeiro hábito: alimente sua mente com conteúdos agregadores

Sua mente precisa de alimento da mesma forma que seu corpo, mas o alimento mental é diferente e se constitui de sonhos, planos, experiências e conteúdo direcionado a incrementar o seu repertório de conhecimento. Uma ótima forma de alimentar a mente é com bons livros, ouvir *audiobooks* e ver vídeos de conteúdos agregadores.

Na internet, podemos obter conhecimento específico de forma gratuita com pessoas altamente qualificadas e que estão dispostas a ensinar, mas, por outro lado, podemos usá-la para buscar conteúdos inúteis, que trazem apenas uma distração temporária, e continuar com aqueles antigos obstáculos que recebemos das pessoas que ensinam o que não sabem ou do pessoal da "opinião grátis", que passa o tempo tentando nos desencorajar.

Leia diariamente, pelo menos por 20 minutos, sobre assuntos relacionados à sua filosofia de vida, livros inspiradores como a Bíblia, temas sobre a sua área de atuação, desenvolvimento pessoal, estilo de vida saudável ou algo específico que você deseje aprimorar em si.

É prudente manter guarda sobre o que você consome através dos seus cinco sentidos, porque tudo molda você de forma direta ou indireta, não é à toa que os melhores vendedores da atualidade são *influencers*, que têm a capacidade de direcionar suas decisões através de suas plataformas de mídia social mesmo sem nunca ter contato físico com você.

---

2 NIGHTINGALE, E. *O estranho segredo*. [*s. l.*]: Editora Santarém, 2016.

Segundo hábito: fortaleça seu corpo, busque por saúde

Tenha bons hábitos alimentares, boa ingestão de água, faça atividade física com constância, durma bem e dome o seu estresse através da oração, atenção plena ou meditação. Para se desenvolver, você irá precisar de um corpo forte, então mude sua fisiologia para criar uma harmonia com o seu mental.

Terceiro hábito: busque um modelo para seguir

Se possível, tenha um mentor, alguém que já tenha feito o caminho que você deseja trilhar e possa lhe ajudar em sua trajetória, evitando o cometimento dos erros já mapeados. Lembre-se de que o sucesso sempre deixa rastro e você só precisa enxergá-lo com a certeza de que sempre há um caminho a seguir.

Quarto hábito: planejar

Tenha um plano e coloque-o em movimento, pratique o hábito de agir massivamente e sempre faça mais do que é esperado por você. Seja surpreendente. O progresso e o encantamento produzem felicidade. Ao longo do caminho, vá ajustando o plano, mas nunca desista.

Quinto hábito: gratidão

Trabalhe com algo que você ama para que possa suportar a dureza que há em todo trabalho, seja grato por tudo e compreenda que as adversidades, na verdade, são ensinamentos da vida para você aprimorar o seu plano.

Com o tempo, cheguei à conclusão de que sucesso é buscar um objetivo e atingi-lo, e que a minha verdadeira riqueza não está nos bens materiais que conquistei, mas no que sinto e é invisível: minha saúde, energia alta, alegria, tempo bem aproveitado, paz interior, apreciação e amor das pessoas, e no meu propósito de vida, tendo a consciência de que deixarei aqui tudo que construir de forma material.

Esteja disposto a pagar o preço de suas decisões.

"Tenha firmeza nas suas decisões e consciência de que elas moldam a sua vida."

Fabíola Silva

Crédito: Nathalia Shumacher.

Flavia Duarte

Meu nome é Flavia Duarte, de São Paulo, vivo em Miami, sou filha de Creusa e Francisco, irmã de Karina e Alexandre, casada com meu marido lindo que eu amo, Paulo, e tenho dois afilhados, Julia e Enzo, que são meus presentes de Deus.

Sou formada em Administração com ênfase em Marketing, terapeuta comportamental, terapeuta SeraMae, *coach* e mentora de mulheres, especializada em Neuroprodutividade e Empreendedorismo Emocional.

Minha história de sucesso foi ter me curado do trauma de ter sido vítima de violência doméstica e tráfico humano nos Estados Unidos, através do autocuidado e do amor-próprio, e ter me tornado a mulher que sou hoje, que venceu e alcançou o sucesso sem perder a sua essência e seus valores.

Uma mulher que decidiu se amar!

flaviaduarteterapeuta

+1 (786) 486-0631

Elas fazem ACONTECER
Mulheres que inspiram e transformam

ORGULHO DE SER MULHER E DA MINHA HISTÓRIA!

10

Por Flavia Duarte

Antes de começar, tenho uma pergunta para você: o que você deseja que aconteça ainda este ano na sua vida?

É com imensa felicidade e coragem que deixo aqui uma parte da minha história, e com muito amor, como tudo que eu faço. Sim, é preciso coragem para compartilhar parte de você, mas isso pode salvar vidas, assim como salvou a minha, então, eu lhe encorajo a se preparar e ser a próxima a compartilhar a sua história também, e deixar esse presente para humanidade.

Quantas vezes eu já pensei em escrever um livro, mas não conseguia ultrapassar a barreira do medo, da insegurança e do perfeccionismo. Então, hoje, após aprender a lidar com tudo isso que me paralisava, estou realizando um grande sonho.

E você, me conte o que está lhe impedindo de realizar um grande sonho seu? Afinal, quais são seus sonhos? E o que você ainda precisa aprender para sentir confiança em si mesma e realizá-los? Saiba que através da realização dos seus sonhos, não só você é abençoada, mas todos a sua volta. Por isso, a partir de agora, comece a resgatar e ir atrás deles!

Eu não podia imaginar que realizando meu sonho de me curar e quebrar o ciclo do abuso, eu poderia salvar a vida de milhares de outras mulheres.

Sou feliz e grata a Deus por me dar forças e sabedoria para enfrentar cada desafio encontrado no meio do caminho. Ele cuidou de cada detalhe, nunca me deixou faltar nada do que eu precisava e me deu direção. Ele sempre tinha algo para me dar além do que eu podia imaginar. "E Ele é meu melhor amigo",[1] sem Ele eu não estaria aqui hoje escrevendo este livro.

Bom, começando minha história com uma frase da minha querida professora Luciana Ross, "Essa história é feia, mas é minha", porque foi a partir dela que comecei a fase mais linda do meu processo de cura. No começo foi muito desafiador e doloroso, confesso, foi mais de um ano de luto, chorando e vivendo sem a perspectiva de que eu voltaria a sorrir um dia de novo. Os meus sonhos foram todos enterrados junto com a minha dor, minha falta de autoestima e a perda da minha identidade. Com a compreensão dessa frase, eu entendi que a minha força estava em ter orgulho de mim e da minha história, exatamente como ela era. Mas como ter orgulho de uma história feia e triste? Olhando com amor, e não com dor. Então tive que aprender a me amar, construir esse amor que não existia mais dentro de mim. Precisei cuidar de mim, me conectar com a minha essência e reconhecer o meu valor.

Muitas vezes, focamos o outro ou o que nos aconteceu, e nossa vida fica paralisada. É preciso aprender a olhar para si mesma, aprender a gerenciar nossas emoções, cuidar do nosso corpo, mente e espírito, e entender que não somos as situações que nos acontecem, mas sim nossa essência e as atitudes que tomamos diante desses acontecimentos. Temos uma identidade que muitas vezes ainda não é reconhecida ou em algum momento foi perdida, e nos tornamos aquilo que não somos de verdade. Vivemos na dor, enquanto deveríamos aprender a viver no **amor**.

Eu me lembro perfeitamente quando me deparei com a estatística de que, entre quatro mulheres, uma sofre ou sofreu violência doméstica, e que eu estava entre elas. Essa foi a estatística que mudou minha história e me motivou a me tornar terapeuta e criar um movimento para inspirar outras mulheres a se cuidarem e se amarem, o "MULHER Se Cuida!".

O trauma do abuso, seja na infância ou nos relacionamentos, é como um furacão que por onde passa destrói absolutamente tudo, tendo que ser tudo reconstruído do zero, sua estrutura física, mental, emocional e espiritual; é uma dor inimaginável que só

---

1 ROBERTO, Thalles. Escrita pelo dedo de Deus. *Letras*. Disponível em: https://www.letras.mus.br/thalles-roberto/1837944/. Acesso em: 29 out. 2024.

quem passou consegue entender. Um trauma que deixa marcas profundas e muitos sintomas na vida de muitas mulheres que não sabem como lidar com essa dor. Está entre os traumas mais difíceis de superar; alguns sintomas são: perda de autoestima, de identidade, de razão para viver etc. Muitas mulheres feridas acabam vivendo por viver, sem propósito e sem amor no coração. São sintomas que você leva tempo para aprender a lidar com eles e superar, é preciso muito amor para conseguir encará-los, mas eu **decidi** enfrentar esse processo e aprender a me amar, porque foi através dessa dor que eu me tornei uma mulher de verdade.

E o que é uma mulher de verdade, Flavia? É a mulher madura, imperfeita mas que age com sabedoria diante dos problemas, que vive sua essência sem medo do julgamento, que se cuida e que se ama exatamente do jeitinho que é, que se acolhe nos momentos difíceis entendendo que tudo bem errar, que não se culpa por tudo mas se responsabiliza pelos seus atos, que gerencia suas emoções para poder viver em sua plenitude, que deixa brilhar a sua luz para poder iluminar todos aqueles que passarem por ela, a mulher que vibra na frequência do amor. É a mulher que reconhece o seu valor!

Agora vamos a parte da minha vida que mudou minha realidade e meus resultados e me fez uma mulher próspera em todas as áreas. Eu costumo dizer que hoje existem duas Flavias, a de antes e depois da violência doméstica e tráfico humano.

Sim, tráfico humano. Muitas pessoas não sabem, mas o tráfico humano é o nome moderno que se é dado à situação de escravidão, quando um ser humano explora outro ser humano para seu único benefício, isso mesmo, e é mais comum do que você pode imaginar. Isso acontece a todo momento, no mundo todo, e muitas pessoas não estão atentas a isso ainda. É caracterizado por exploração de trabalho, exploração sexual e tráfico de órgãos. É o terceiro maior comércio criminoso no mundo. E com relação à violência doméstica, muitos associam somente ao abuso físico, mas não, ela se caracteriza por 5 principais tipos, que são: abuso psicológico, moral, sexual, patrimonial e físico.

Foi em 2020, que eu, imigrante na Flórida, sofri esses cinco tipos de abuso. Eu me relacionei com uma pessoa que destruiu minha vida e minha identidade, mas eu não tinha sido a primeira e, mais triste ainda, não fui a última, porque ele continua fazendo outras vítimas. Eu tinha 40 anos, nunca imaginei que pudesse passar por tudo que passei, mas quando me dei conta de que algo estava muito errado naquela relação já era tarde demais.

No começo, aquele príncipe encantado parecia bom demais para ser verdade, mas, depois, vieram os pequenos sinais de mudança de comportamento, que muitas vezes ignoramos por querer tanto aquela relação, por nos responsabilizarmos tanto por ter que fazer dar certo e por estarmos acostumadas a aguentar tantos abusos caladas. E foi exatamente assim que eu me envolvi, deixando "pra lá", no começo, pequenas atitudes que são inadmissíveis em uma relação, como controle, chantagem emocional, ofensas, grosserias e ordens.

Muitas pessoas ainda não conseguem entender como uma mulher pode aguentar ficar numa relação assim, mas é assustador como uma pessoa tem a capacidade de manipular a outra. Quando eu vi, já estava fazendo tudo que ele queria; eu sentia muito medo e insegurança, eu já não existia mais, era tudo somente do jeito que agradasse a ele, brigas incansáveis. Uma relação em que você tem que viver para atender às expectativas do outro, mas nunca é o suficiente. Realmente é inacreditável.

Eu só consegui sair desse aprisionamento no dia em que tive coragem de fugir e denunciar. Ele ia me bater, mais uma vez, e eu saí correndo com a roupa do corpo e fiquei andando pela rua sem saber o que fazer. Agora, imagine, eu em outro país, do dia para noite na rua, sem ter para onde ir. Foi o dia mais humilhante da minha vida, procurando vaga em um abrigo para vítimas de violência doméstica.

Aí começou meu processo de cura e eu decidi compartilhar isso para poder inspirar outras mulheres a se curarem e quebrarem esse ciclo também. Minha sorte foi que em um dos diversos telefones que me passaram para procurar um abrigo, um anjo chamado Cláudia, de uma instituição do governo americano, me atendeu e me orientou sobre o que fazer. Como eu não tinha para onde ir e não tinha dinheiro nem para comer, a instituição me forneceu um advogado criminal, um psicólogo especialista em trauma, um advogado imigratório e até comida. E o Consulado de Miami me disponibilizou uma psicóloga. A história é muito longa e eu conto num próximo livro, prometo.

Mas o que eu quero dizer para você é que nada, por mais doloroso que seja, tem o poder de lhe destruir. Pode até lhe quebrar, mas a vida não é sobre o que aconteceu com você, e sim sobre o que você faz com o que aconteceu com você. Eu acredito que tudo que a gente passa na vida tem um propósito de nos ensinar algo para irmos para o próximo nível. Eu aprendi muitas coisas importantes que eu não sabia. Aprendi a olhar para mim com mais amor; a me tratar como eu gostaria de ser tratada e não esperar tanto do outro; a não criar tantas expectativas, a honrar minha família; a perdoar; a ser mais leve; a não julgar; aprendi o que é o amor verdadeiro, que eu imaginei que soubesse, mas, não, o amor é esse cuidado que eu tenho comigo diariamente, o amor não maltrata, o amor cuida e o amor cura.

Agora me responda: você se ama? Como é seu relacionamento com você mesma? Como você lida com suas dores do passado? Você tem orgulho de você e da sua história?

Com base na minha história, lembre-se sempre que a maioria das pessoas não fracassam, elas desistem. Nunca desista dos seus sonhos, dos seus processos difíceis, da vida e de você! Porque você é única, especial, amável, preciosa, forte e escolhida por Deus. Você nasceu para vencer, as aflições são somente processos de aprendizado para chegar lá.

Hoje trabalho com a conscientização do autocuidado e do autoamor, ajudo mulheres a se tratarem com mais leveza, se cuidarem e se valorizarem, e terem orgulho de quem são, através da Jornada da Revista "MULHER Se Cuida!".

Exercício

- Qual o seu "motivo" para acordar todos os dias e fazer o que você tem que fazer?
- Você consegue vibrar gratidão por tudo que tem? Liste tudo pelo que você é grata.
- Como você cuida do seu corpo, mente, emoções e alma?

“Ninguém nasce uma mulher, mas sim se torna uma. Decida hoje se tornar essa mulher, ter orgulho de você e da sua história.”

Flavia Duarte

Flávia Queiroz

Sou Flávia Queiroz, natural de Cachoeirinha/PE, resido em Caruaru/PE com a minha cachorrinha pinscher, tenho uma filha que se chama Elzira Moura, atualmente casada com Lucas Moura.

Sou administradora, psicanalista clínica, palestrante e mentora. Especialista em Educação Positiva e Cura Interior com foco cristão e formada pelo Instituto Fazendo a Diferença, da pastora Angela Sirino.

Cristã, movida por desafios e propósitos, apaixonada por educação, gentileza e respeito, vivendo o sobrenatural de Deus em ajudar vidas a ressignificarem suas dores em cada momento terapêutico.

A minha história foi marcada pela dor da rejeição, precisei me conhecer, romper e quebrar ciclos repetitivos. Foi a minha vivência que me trouxe até aqui. Boa leitura.

flaviaqueiroz_psicanalista

+55 (81) 99517-2221

Elas fazem ACONTECER
Mulheres que inspiram e transformam

VOCÊ SE CONHECE?

11

Por Flávia Queiroz

Ninguém se conhece no raso — "o raso" transmite a ideia de que, em relações superficiais, não é possível conhecer verdadeiramente uma pessoa, onde não há profundidade emocional, conversas sinceras e trocas genuínas. Para realmente se conhecer, é necessário ir além da superfície, explorar suas camadas mais profundas, incluindo medos, sonhos, traumas e emoções. Eu lhe pergunto: Como está o seu relacionamento com você? Você está disposto a mergulhar na intimidade da vulnerabilidade e complexidade do que foi construído em você até hoje? A frase que sempre escuto é: como faço? Por onde começo? Quem sou?

Precisamos voltar às origens, onde tudo começou. Vamos começar com o **autoconhecimento** — é o primeiro passo para o processo de autotransformação, é um processo desafiador, pois o embasamento do autoconhecimento não é conhecer a sua história, o embasamento é sentir. Pessoas estão bloqueadas na capacidade de sentir, não sabem sentir, não se permitem entrar em contato com o sentir. Quantas pessoas não conseguem continuar a terapia por sentirem: as dores dos traumas, dos abusos, da violência, das traições, do luto, da separação. É preciso falar, e vai doer, mas vai curar. Quando entendi a minha história e toda lacuna ocasionada, exigiu de mim coragem para mudar e quebrar ciclos.

Fui gerada em um ambiente hostil, com violência física e verbal, marcado pela rejeição, traições, bebidas, discussões e palavrões, com o mínimo de afeto e amor. Meu consolo era chupar o dedo e enrolar o cabelo, e até isso, por diversas vezes, foi tirado de mim. Até os 15 anos, meu cabelo era curtinho; toda vez que íamos ao cabelereiro, era uma tortura, sabia que ficaria sem o meu consolo.

Aprendi a não me aceitar, tive problemas de autoestima, complexo de inferioridade, dificuldade em fazer amizades e era extremamente insegura. Uma jovem que gritava por atenção e acolhimento, mas ninguém enxergava. Meu maior desafio foi lidar com a carência e vazio existencial.

Comecei a namorar aos 15 anos, em busca de alguém que suprisse a minha carência, e encontrei um relacionamento disfuncional, não tinha como ser diferente. Sem experiência nenhuma, queria resolver aquela dor que parecia não ter fim. Estava em busca de um pai, e não de um namorado, queria sair daquele ambiente. Aos 18 anos, engravidei. Neste momento, o meu mundo desabou, eu não queria, e por várias vezes pensei em abortar. Rejeitei a criança. Fui induzida a acreditar que o pai da minha filha tinha feito vasectomia, sem ter feito, parei de tomar os anticoncepcionais e com um mês depois estava grávida. Só comecei a amá-la quando ela mexeu na minha barriga. Transferi para minha filha a **dor da rejeição**.

O nosso cérebro processa a rejeição de forma muito semelhante a dor física. Por isso, ser rejeitado pode causar um impacto emocional significativo e duradouro, afetando o bem-estar de uma pessoa. Criança não vem com manual e foi a minha filha que me ensinou a ser mãe. O que eu não imaginava e não sabia era que estava transferindo a demanda psicoemocional para ela desde o ventre. A rejeição é mais profunda do que imaginamos, deixa sequelas para uma vida.

Em 2020, aos 15 anos, minha filha tentou suicídio, devido à carência e dependência emocional em um relacionamento. Perceba que ela repetiu o meu padrão comportamental. Tínhamos a necessidade intensa e constante de atenção, afeto e validação por parte de outras pessoas, buscávamos aprovação externa para nos sentirmos bem com nós mesmas, ficamos refém do medo da rejeição e do abandono. Ela sempre me perguntava: "Mãe, a senhora nunca vai me abandonar, né?" Respondia que "não".

No dia da tentativa de suicídio, ela me ligou e assim foram suas palavras: "Mãe, não aguentei, dói muito, me ajuda, tomei uma cartela de remédio, não quero morrer". Meu coração foi no chão e voltou, ela estava com o pai em Recife e eu estava a 130 km de distância, minha única certeza naquele dia era que a presença do Senhor estava no controle de todas as coisas. O Senhor bradou dentro de mim: "Os que confiam no Senhor são como o monte Sião, que não pode ser abalado, mas permanece para sempre." (Salmos 125:1). É loucura, é incoerente, a vontade é de gritar de revolta, de impotência, você não sente o chão. A quem pedir socorro? O que fazer? Entrei em choque com a realidade que parecia só acontecer com os outros. Chegou a hora de exercer a fé, fui chorando e orando, chorando e louvando, chorando e colocando diante do Senhor a minha filha. Havia algo que poderia fazer, a não ser clamar? Não.

Tudo que eu queria era vê-la, ninguém está preparado para lidar com situações de grande impacto emocional, principalmente quando o assunto é filho(a). Ao chegar no hospital, já tinham feito a lavagem e estava fora de perigo. Quando a vi, entendi que algo tinha que mudar, **a começar em mim**. Passamos a noite na sala amarela e, detalhe, só havia jovens que tinham tentando suicídio naquele ambiente. Às 1:20 da manhã, veio outra jovem da sala vermelha para a amarela, olhei para o relógio e orei a Deus pedindo algo para ajudar aqueles jovens, com o coração sangrando de culpa, medo, angústia, aflição, vergonha e dor. Chegou a hora de irmos para casa, entendi que tinha que corrigir algumas rotas... e o orgulho deixava? "Sou mãe, sou autoridade, estou certa", e hoje entendo que não existem culpados, somos vítimas de outras vítimas.

Naquele dia, entrei no quarto com minha filha e abri o meu coração relatando toda sua história, pedindo **perdão** e liberando ela do lugar que não pertencia a ela, foi uma transferência. Iniciamos o processo de cura e restauração, minha vida ficou em torno dela, Deus levantou pessoas para servir a minha casa, em especial uma pessoa que a ama como filha e esteve nos abençoando com todo o tratamento terapêutico, financeiramente, sem condições nenhuma.

Dias passaram e jovens começaram a aproximar-se com questões de suicídio, entrei no quarto, comecei a orar e o Senhor falou uma frase para mim: "O amor salva vidas". Fiquei no mundo imaginário, tentado entender que amor seria esse, pois nunca tinha permitido sequer sentir o amor de Deus como pai. Em um outro momento, Deus me pediu para entrar no quarto, deitei-me no tapete e Ele falou: "Quando é que você vai entrar na minha presença para receber o meu **amor**?". Choro até hoje. Quando estamos feridos, até o amor dói. Eu precisava experimentar a maior inteligência emocional, o amor. Foi onde tudo mudou, senti uma plenitude na alma. Por mais que queira, não consigo explicar o sentimento avassalador e sobrenatural daquela noite.

Lembra a oração no hospital? Deus estava me conduzindo para o propósito, uma mulher de Deus chamada Gadernia foi o canal para falar da formação em Psicanálise Clínica com foco cristão, da pastora Angela Sirino. Meu coração fervia e não conseguia explicar tanta emoção, verdadeiramente o "começar em mim" de forma profunda, intensa e curadora.

Confesso que curar dói, assumir que erramos, falhamos, que precisamos de ajuda; isso não é sobre fraqueza, e sim sobre ser forte e corajosa. Meu primeiro desafio foi o perdão, é o único remédio para a dor da nossa alma. Ao perdoar, você se livra do veneno dentro de si e restaura sua saúde. Quando se recusa a perdoar, adoece e sofre. No meu entendimento ignorante, o meu perdão era para quem tinha força moral de admitir a própria culpa e a decência de me ajudar a me livrar da dor que a pessoa tinha causado.

Perdão é mais que uma decisão; não é perdoar em partes, por vingança, por pendências, por reconciliação, por se sentir superior ao outro. Isso acontece muito com os evangélicos, "vou perdoar porque sou de Deus", não entenderam o poder curador do perdão. É perdoar-se pelo mal que suas falhas lhe causaram, envolve algo novo e radical. O que falta é uma visão de perdão concreta e realista, que seja humana e praticável, o perdão é uma oferta de compaixão e amor. O autoperdão fez meu coração transbordar de amor, não é algo que se faz apenas para se sentir melhor, é algo que se faz para você mesmo ser melhor.

Meu segundo desafio foi conhecer um **amor genuíno** com Deus Pai, o amor que nunca erra, que nunca está fora de contexto, que nunca falha, é a força mais poderosa, faz todas as coisas novas. O amor é a fonte que pode romper a divisão e reconstruir o que foi quebrado, é bondoso, é a resposta para o viciado, para o lar desfeito, para relacionamentos quebrados, para o coração partido, para o pensamento suicida. Deus estava me chamando para um nível de amor, até porque eu não tinha referência nenhuma de amor. Eu ter sentido a dor de quase perder minha filha, esse vale me qualificou com autoridade para ajudar a curar alguém que está passando ou que passou pela mesma dor.

Pare de cutucar suas feridas abertas, Ele quer lhe dar um novo começo, uma nova história. Ele deseja curar o que foi ferido, é hora de deixar Deus restaurar suas contusões e curar suas feridas. Você quer continuar sendo vítima ou alcançar a plenitude?

Deus quer curar você, mas você se permite ser curada? Medite com as frases abaixo e convide o Espírito Santo dando o acesso do seu coração. Damos acesso para tantas pessoas, por que não dar para aquele que pode fazer infinitamente mais do que pedimos ou pensamos? Uma vida frutífera não é um acidente, é um resultado de escolhas corretas.

Reflita e decida ser curada:

- Você se sente amado(a) por quem lhe criou?
- Quem foi sua referência de amor?
- Você foi ensinada a se amar?
- Você consegue demonstrar amor?
- Você consegue receber amor?

Minha vida foi transformada para alcançar outras vidas, tudo é necessário, até a dor tem um propósito. A minha filha está vivendo o extraordinário de Deus através do amor que nos impactou. No processo terapêutico, sei que não é sobre uma profissão, é sobre um ministério de cura e libertação. O amor salva vidas.

"O amor salva vidas. O amor é tudo. O medo é nada. Acreditar em um é negar o outro. Você escolhe."

Flávia Queiroz

Janaína Rodrigues Costa

Eu nasci em meio a linhas e agulhas, mas meu coração pulsava ao som do concreto e aço.

Meu nome é Janaína Rodrigues Costa, nasci em Belo Horizonte e resido em Nova Lima/MG. Sou arquiteta, pós-graduada em Iluminação, empresária há 24 anos desenvolvendo projetos institucionais, corporativos e residenciais, com experiência profissional no Ateliers Jean Nouvel, em Paris.

Minha história é moldada pelas gerações que me precederam. Minha mãe, filha de um imigrante português e de uma costureira talentosa, seguiu o caminho da moda, transformou-se em uma estilista reconhecida, enquanto meu pai, fazendeiro e bancário, tornou-se com ela empresário na Bárbara Design.

Minha vida é marcada por passos de fé que me conduziram a grandes conquistas.

janainavoila

+55 (31) 99750- 4900

janainavoila@gmail.com

Elas fazem ACONTECER
Mulheres que inspiram e transformam

DO CROQUI À CONQUISTA: O MILAGRE NA CRIAÇÃO

12

Por Janaina Rodrigues Costa

A vida me ensinou que é no meio das incertezas e gigantes desafios que as maiores oportunidades surgem para aqueles que tem fé.

"Disse mais Davi: 'O Senhor me livrou das garras do leão e das do urso; ele me livrará das mãos deste filisteu'. Então, disse Saul a Davi: 'Vai-te, e o Senhor seja contigo'" (1 Samuel 17:37 ARA).

A coragem de Davi para enfrentar um gigante veio das experiências e treinamento vencendo urso e leões.

Nasci e cresci em um lar cristão. Naquele ambiente, fui orientada a ter a Palavra de Deus como o manual para a vida. Ao observar a trajetória dos meus pais, pude ver de perto as vitórias, mas também batalhas, momentos de crises, incertezas e como a fé os mantinha inabaláveis em todas as circunstâncias. Foi essa mesma fé a âncora que me permitiu superar adversidades e me preparou para os desafios que enfrentaria.

Ao final da adolescência, o momento da escolha profissional me trouxe grandes conflitos. O caminho da moda estava diante de mim, pavimentado por gerações de mulheres fortes e criativas. No entanto, algo pulsava em meu coração para além das agulhas e dos tecidos, para um mundo de formas, espaços e construções. Optar por não seguir a moda, um caminho natural em minha família, exigiu coragem. Busquei respostas em Deus e entendi que poderia começar do zero e seguir minha verdadeira paixão: a arquitetura. Vejo claramente como Deus costurou minha história e, para melhor compreensão da grande virada que me conduziu ao sucesso, preciso contextualizar o período em que tudo começou.

Aos 16 anos, na igreja em que frequentava com meus pais, conheci aquele que seria meu futuro marido. Iniciamos o namoro, o tempo passou e no ano 2000 concluí minha graduação em Arquitetura e Urbanismo na UFMG, enquanto ele, médico recém-formado, fazia residência, preparando-se para ser neurocirurgião. Nós nos casamos em 2001, muito novos, sabendo que teríamos de nos sacrificar por algum tempo trabalhando sem retornos financeiros, investindo em nossa formação profissional para alcançarmos o sonhado futuro de sucesso. Um grande passo que daríamos seria nos mudarmos para o exterior, para que ele fizesse especialização em Neurocirurgia Endovascular, uma técnica dominada por poucos na época e que abriria grandes portas.

Naquele período, o mundo estava em transformação: a internet começava a conectar pessoas de forma inédita, o novo milênio trazia mudanças tecnológicas que transformaram a arquitetura, e eu estava pronta para encará-las. Vi o mundo mudar à minha volta, das pranchetas para os *softwares* de modelagem 3D. Desde o início da faculdade, me dediquei aos estudos dos *softwares*, ministrava cursos de Autocad para engenheiros em um estágio que fazia à noite, já que na UFMG as aulas aconteciam em horários da manhã e tarde nos primeiros períodos.

Recém-formada, sem escritório próprio, trabalhando em uma empresa de revestimentos para ter um salário que me permitisse economizar para a tão sonhada viagem, tivemos a resposta tão aguardada: meu marido foi aprovado para estagiar na Fundação Rothschild, em Paris. Iniciamos os preparativos e estudamos francês durante os poucos meses que antecediam nossa mudança. Nesse período, pesquisava as opções que teria de trabalho e cursos em Paris que não precisassem de investimento financeiro e descobri que poderia me aprofundar na língua francesa, além de fazer cursos de História da Arte, modelagem 3D avançada, e diversos outros em faculdades que abriam vagas para estrangeiros. Ainda não dominava o francês, mas me esforçava para absorver o máximo que podia e crescer em cultura e repertório para meu futuro profissional. Ele, a princípio, não tinha remuneração e todas as nossas economias seriam destinadas à nossa sobrevivência durante os dois anos.

Meu marido e os demais médicos faziam apresentações regulares dos casos que tratavam, e elas deveriam ser ilustradas, sem o uso de imagens da internet, na época não existia inteligência artificial. Ao saber dessa necessidade, me dispus a ajudá-lo, fazendo manualmente os desenhos e posteriormente com os programas de 3D. As ilustrações eram muito elogiadas, e outros médicos começaram a me solicitar desenhos, animações dos casos, criação de logomarcas para eventos e congressos de neurocirurgia. Após alguns meses de dedicação aos estudos, o francês deixava de ser um obstáculo para mim e consegui cursar Artes no Museu do Louvre.

Em uma ocasião, quando ilustrava trabalhos para os preceptores do meu marido, um deles perguntou qual era minha formação profissional, de onde vinha aquela habilidade artística. Foi então que ele soube que eu era arquiteta e fez a revelação que mudaria minha vida. Era amigo pessoal do renomado arquiteto Jean Nouvel, e me conseguiria uma entrevista em seu escritório. Estava diante de mim uma porta para trabalhar em um dos maiores escritórios do mundo, algo inimaginável, que jamais poderia prever em toda a minha vida.

O francês não seria uma barreira, mas meu portfólio era limitado, tinha como única obra a reforma do *showroom* e ateliê de moda dos meus pais, a Bárbara Design. Era uma casa da década de 40 que transformamos em uma loja moderna, com fachada em vidro e estrutura metálica.

O grande dia da entrevista chegou e levei comigo a coragem e a fé de que Deus tinha me conduzindo até ali, trabalhando em meu favor, enquanto eu fazia o meu melhor, com simples ilustrações, de forma despretensiosa e voluntária, sendo companheira e auxiliadora do meu marido. O Ateliers Jean Nouvel era um sonho, nunca havia presenciado um espaço de *coworking* com tantos arquitetos de diversos países trabalhando em projetos para todos os continentes.

Na entrevista, a cada pergunta sobre minhas habilidades em *softwares*, me surpreendia por serem exatamente os mesmos que eu já usava. No momento de mostrar meu portfólio com as fotos da obra do único trabalho autoral, para minha surpresa, o entrevistador mostrou encantamento e perplexidade, por eu ser tão jovem e já ter realizado uma obra de tanto impacto. Após uma semana, o milagre aconteceu: fui contratada!

Ao longo do período no Ateliers Jean Nouvel, participei de seis projetos: Museu Quai Branly em Paris (França), Parque Poblenou em Barcelona (Espanha), Torre Corporativa em Viena (Áustria), Teatro em Perpignan (França), Centro Aquático em Le Havre (França) e Torre Residencial em Kuala Lumpur (Malásia). Após os dois anos em Paris, concluída a especialização do meu marido, era o momento de retornarmos ao Brasil.

Meu novo desafio: após adquirir uma grande bagagem de conhecimento e experiência, um belo currículo, não tinha clientes. Não existiam ainda as redes sociais e precisava de algo que desse retorno financeiro imediato. A reserva financeira havia acabado e ficaríamos por um tempo morando na casa dos meus pais. Iniciei o processo de entrevistas em escritórios, construtoras, mas as respostas eram que não tinham vagas com salário compatível com meu currículo.

Foi então que me lembrei de como o Jean Nouvel atuava criando grandes projetos de edificações, mas também design de móveis e objetos. Foi então que propus à minha mãe que faria uma coleção de móveis e exporia no seu *showroom*, em um espaço Moda e Casa. Foi assim que criei a empresa Voilà arquitetura, *design* e galeria.

Com as peças-piloto, os móveis começaram a ser encomendados e o contato com os clientes me levou a contratações não só dos móveis como dos projetos arquitetônicos. Em pouco tempo, adquiri uma carteira de clientes que me permitiu ter meu próprio escritório de arquitetura. Em paralelo, os médicos e conhecidos do meu marido me contratavam para projetar suas clínicas e consultórios, além de espaços corporativos de empresas de material hospitalar.

Com o crescente sucesso profissional, fomos prosperando e adquirimos nosso apartamento. Passávamos os finais de semana no clube náutico em Alphaville e começamos a vislumbrar a construção da nossa casa. Os recursos vieram e mais uma vez Deus nos presenteou com a realização de projetar e construir nossa casa.

Em todo esse cenário de crescimento, sempre reconhecia a provisão de Deus, o servia e cultuava, mas infelizmente, aquele homem que conheci na igreja, que comigo passou por tantas lutas e vitórias se desviou e enveredou pelo caminho dos vícios. Junto com seu sucesso, vieram a frieza e decadência moral. Foi então que enfrentei a maior crise que poderia imaginar. O relacionamento foi esfriando e, após doze anos de casamento e quase vinte anos de história juntos, tive a notícia de que fui traída por longos anos.

Ele me pediu perdão, mostrou arrependimento e se dispôs a mudar, a voltar os olhos para Deus. Apesar de profundamente abalada, pus minha fé em ação e lutei por três anos para superar e reconstruir o casamento em ruínas. Em todo o processo, Deus me fortalecia em cada momento de fraqueza. A confiança pelo marido não foi reconquistada, surgiram situações que me mostravam não ter acontecido sua real mudança e meu pedido a Deus passou a ser que me livrasse daquele casamento, que me fizesse sentir em paz para tomar uma decisão. Pedi sinais a Deus e um dia recebi a clara resposta, foi o momento da ruptura.

Divorciada, estava aliviada, animada, mas com grandes compromissos financeiros. Foi quando surgiu a oportunidade para participar de uma concorrência para um projeto institucional competindo com um grande escritório de um renomado arquiteto. Meu escritório foi contratado e mais uma vez percebi o cuidado de Deus me trazendo a provisão. A vitória nesse concurso veio das experiências e bagagem que Deus me permitiu adquirir em Paris e me lembrei de Davi, que cuidando de ovelhas e matando grandes feras para defendê-las, estava sendo forjado para vencer um gigante e cuidar de um rebanho escolhido por Deus.

Entendi que quando usamos os talentos que Deus nos deu para servir, eles são como sementes que plantamos, colhemos os frutos ao longo do caminho. Na minha visão, o sucesso é uma jornada, demanda um combinado de disciplina, humildade, resiliência, treino e aprendizados constantes, além da dependência dAquele que pode todas as coisas, pois nada é impossível ao que crê!

"Grandes conquistas surgem como a transformação de um croqui em uma grande obra, frutos de trabalho consistente e visão clara do projeto."

Janaína Rodrigues Costa

Jéssica Uhdre Lima

Muito prazer! Eu sou a Jéssica Uhdre Lima, nasci em Panambi/RS e hoje moro em Cotia/SP. Esposa do Jefferson Uhdre Filho, mãe da Valentina e da Bella.

Empresária, mentora de mulheres, especialista em vendas on-line, minha missão é ajudar mulheres a conquistarem a liberdade financeira, de tempo e geográfica através de estruturas de vendas automatizadas.

Passei por momentos desafiadores, mas com fé e determinação, transformei obstáculos em oportunidades, tanto no trabalho quanto na minha vida pessoal.

Hoje, ensino mulheres a equilibrarem negócios e família, sem abrir a mão de seus sonhos. E você também pode!

jessicauhdrelima
Jessica Uhdre Lima
+55 (11) 95959-1779
jessicauhdrelima@gmail.com

TRANSFORMANDO DESAFIOS EM OPORTUNIDADES

13

Por Jéssica Uhdre Lima

Se você está lendo este livro, saiba que este nunca foi o meu sonho, mas Deus age de maneiras inexplicáveis e nos oferece oportunidades que jamais imaginamos. Não sou de desperdiçar aquilo que vem até mim, desde que não vá contra meus princípios. Aqui, vou contar coisas que nunca compartilhei com ninguém, algo que pedi muito direcionamento de Deus para fazer quando aceitei esse desafio. Acredito que tudo o que você vai ler pode refletir em algo que você também já passou ou está passando. E se eu consegui superar, você também pode.

Sou do interior de Panambi, no Rio Grande do Sul. Aos 16 anos, quando decidi que me mudaria, meus pais estavam se separando, e como toda separação, a dos meus pais não foi diferente, dolorosa e difícil. Eu trabalhava e estudava ao mesmo tempo. Assim que terminei o Ensino Médio, não pensei duas vezes; sempre fui muito determinada. Meu primeiro emprego foi no maior supermercado da cidade, onde comecei como empacotadora, carregando carrinhos e fazendo o que fosse necessário. Logo fui notada e tive uma oportunidade na administração, onde fiquei pouco tempo.

Apesar dessa conquista, meu sonho era maior. Parti sem olhar para trás, levando comigo apenas minha mala roxa, com tudo o que eu tinha dentro, e embarcando numa aventura que muitos acreditavam que não duraria mais que alguns meses. Mudei-me para São José dos Pinhais, no Paraná. Além de morar de favor, trabalhava em um shopping e fazia vários bicos para me sustentar.

Era uma menina de 16 anos, sozinha na cidade grande. Fui abusada, humilhada. Trabalhei em dois turnos no *shopping* e à noite em uma balada, para conseguir pagar minhas contas. Quando finalmente consegui meu próprio cantinho, era uma pequena *kitnet* onde só tinha um microondas (presente do meu pai), minha mala roxa e um colchão. Dividi moradia com amigas, tive a luz cortada porque não tinha como pagar e tomei banho gelado por semanas no inverno rigoroso do Paraná. Mas fui vivendo e me superando, um dia de cada vez.

Foi nesse período que conheci Jefferson pessoalmente. Ele já era meu amigo virtual antes mesmo de eu sair de Panambi. Começamos a namorar on-line e, quando ele veio a Pinhais a trabalho, nos encontramos pela primeira vez. A química foi imediata e começamos a namorar no mesmo dia. Desde então, nunca mais nos separamos. No dia 12 de junho de 2024, completamos quatorze anos juntos. Depois de um ano de namoro à distância, decidimos nos unir de vez.

Fui transferida para trabalhar em um outro shopping, em São Paulo, onde novas oportunidades surgiram. Logo depois, deixei o emprego para trabalhar na empresa da família de Jefferson, no departamento comercial, vendendo estandes para feiras e congressos. Foi ali que descobri minha paixão por vendas e viajei o Brasil conquistando novos clientes. Eu e Jefferson marcamos nosso casamento para 2015 e já estávamos tentando engravidar há algum tempo. Eu sonhava em casar grávida, mas Deus tinha outros planos. Foram mais de três anos de tentativas frustradas. Só quem passa por isso sabe a dor dos negativos constantes, dos testes de ovulação e a frustração mês após mês.

Procuramos uma das melhores clínicas de São Paulo e os exames confirmaram que não seria possível de forma natural. O médico sugeriu uma cirurgia ou FIV (fertilização *in vitro*), mas estávamos exaustos. Decidimos entregar nas mãos de Deus, confiando que Ele sabia o momento certo. E foi então que recebemos nosso milagre: Valentina. Quando Valentina nasceu, percebi que não queria mais a vida agitada dos eventos. Durante uma caminhada com Jefferson, decidimos abrir uma confeitaria, um antigo sonho. E deu certo! Trabalhei com muita dedicação e o negócio cresceu.

Mesmo durante a pandemia, quando tantos empreendimentos fecharam as portas, continuamos adoçando a vida das pessoas. Nosso crescimento foi rápido, mas o proprietário do imóvel não quis renovar o contrato. Foi então que surgiu a oportunidade de abrirmos uma loja na Granja Viana, em um espaço grande, um verdadeiro sonho. Aceitamos o desafio, mas a expansão exigia mais tempo longe da Valentina, que ficava com os avós. O cansaço começou a pesar.

Um dia, Valentina, com apenas 4 anos, me disse: "Mãe, você poderia fechar a loja e cuidar de mim? Você nunca me leva para a escola, mas as mães das minhas amigas sempre levam." Fora as incontáveis vezes que eu precisei levá-la para a loja doente ou deixar com outras pessoas, porque toda minha energia estava focada no trabalho, e achando que estava fazendo o melhor para ela, mas a realidade é que ela não queria presentes caros, e sim pais que cuidassem dela. Tudo isso me tocou profundamente. Tomei a difícil decisão de fechar a loja em menos de uma semana e nunca olhei para trás.

Logo após essa escolha, descobri que estava grávida da Bella. Além disso, estávamos com mais de 150 mil reais em dívidas. A realidade de fechar um negócio é bem pior do que abrir, quebramos longos contratos, fornecedores sem pagar. O desespero bateu forte. Chorei, gritei, mas renovei minhas forças. Afinal, agora éramos quatro. Decidi mergulhar de cabeça no mercado digital. Comprei um curso parcelado no cartão emprestado do meu irmão, com a certeza de que não podia falhar. O início foi desafiador, como é começar qualquer outra coisa. Fiz de tudo no mercado digital: serviços, venda de produtos físicos e on-line. Quanto mais me dedicava, mais resultados eu via. Consegui sair da falência causada pelo fechamento da loja.

Hoje, ao olhar para trás, sou grata por cada bênção e obstáculo. Tornei-me especialista em estrutura de vendas on-line e, além de transformar a vida da minha família, ajudo inúmeras mulheres a conquistarem liberdade de tempo, geográfica e financeira por meio da internet. A liberdade financeira chegou, mas meu maior tesouro é a oportunidade de dar o melhor para minha família. Aprendi que, para cuidar dos outros, preciso cuidar de mim —

física e mentalmente. E claro, nada disso seria possível sozinha. Agradeço, em primeiro lugar, a Deus, que é infinitamente generoso e me abençoou com tantos milagres. Agradeço ao meu marido, Jefferson, que é meu parceiro, amigo e incentivador. Agradeço também à minha mãe, ao meu pai, aos meus sogros e a todos que me apoiaram ou me criticaram ao longo dessa jornada.

Em outubro do ano passado, Valentina foi diagnosticada com TEA (Transtorno do Espectro Autista) e TDAH (Transtorno do Déficit de Atenção com Hiperatividade). Desde então, minha rotina tem sido dividida entre suas consultas e terapias e o mercado digital, que me proporciona autonomia e liberdade para estar presente. Mesmo trabalhando apenas quatro horas por dia, minhas automações continuam funcionando e gerando resultados. Isso se tornou minha missão: ensinar outras mulheres que é possível trabalhar menos e ganhar mais, implementando estruturas de vendas on-line de forma inteligente. Para mim, o mais valioso é ter tempo de qualidade com minha família e cuidar do meu corpo e mente.

Passei por tantos processos dolorosos que acabei me anulando e vivendo no automático por muitos anos. Não me cuidava, mal me olhava no espelho. Só fui me reencontrar quando decidi que precisava me redescobrir. Um processo de mudança nunca acontece da noite para o dia. Hoje, a cada dia eu faço um pouco mais, um eterno "orai e vigiai". Escrevo isso não para que você sinta pena de mim, mas para que saiba que, independentemente das dificuldades, vamos superando cada uma. Transformei limões em limonada. Desistir nunca foi uma opção. Nunca me vi como vítima, e não é assim que quero ser vista. Prefiro que me vejam como alguém que, apesar de todas as dificuldades, transforma as experiências em força.

Estou aqui hoje porque superei cada desafio, e a cada dia me torno uma versão melhor de mim mesma. Hoje, sou melhor do que ontem, e amanhã serei melhor do que hoje. Meu trabalho hoje me permite viver a vida que sempre sonhei — ser mãe presente e bem-sucedida nos negócios. E isso só aconteceu porque, quando tive a oportunidade de começar um novo caminho, não deixei o medo me travar. Todos os dias, eu e você enfrentamos dificuldades, o que define o desfecho é como reagimos a elas. Eu sempre digo às minhas alunas e clientes: não se preocupem com os problemas. Nascemos para encontrar soluções e sair deles ainda melhores do que entramos.

Se você chegou até aqui, saiba que minha história não é apenas sobre vencer desafios, mas sobre acreditar no propósito que Deus coloca em nosso caminho. Nunca foi meu sonho escrever este livro, mas como Deus age de formas inexplicáveis, Ele me deu essa oportunidade para compartilhar algo muito maior do que eu poderia imaginar. Cada momento da minha vida foi moldado por escolhas, superações e muita fé. E agora, compartilho com você uma parte da minha jornada, na esperança de que encontre forças para seguir a sua.

Hoje, além de ter transformado minha própria realidade, tenho a honra de ajudar mulheres a construírem suas histórias de sucesso, assim como fiz com a minha. Por meio do mercado digital e das estruturas de vendas on-line que criei, ajudo mulheres a conquistar liberdade financeira, de tempo e geográfica. Ensino que é possível equilibrar a vida pessoal e profissional e, ainda assim, prosperar nos negócios, com tempo de qualidade para o que realmente importa: a família.

Meu negócio hoje é mais do que gerar resultados financeiros; é sobre impactar vidas, transformar sonhos em realidades. Através da minha empresa, mostro que você também pode crescer e prosperar, sem precisar sacrificar aquilo que mais ama. Eu descobri que é possível trabalhar menos e ganhar mais, e agora ensino outras mulheres a fazerem o mesmo.

Ao terminar este capítulo, minha esperança é que você sinta a mesma coragem que tive para enfrentar os desafios e transformar minha vida. Nunca deixe o medo lhe impedir de seguir em frente. Se eu consegui, você também pode. O sucesso é um reflexo de trabalho duro, fé e resiliência. E assim como Deus me deu força para transformar minha vida, acredito que Ele também está lhe oferecendo essa oportunidade de mudar o seu destino.

Agora, cabe a você agarrar essa chance e começar a escrever a sua própria história de sucesso.

"Superar é ter fé, perseverança e dedicação. Desistir não é uma opção, transforme cada desafio em força e determinação para vencer."

Jéssica Uhdre Lima

Juliana Lima

Sou Juliana Lima, embaixadora e mentora de vendas, empresária, fundadora da grife feminina Juliana Lima Multimarcas. Ao longo de mais de 25 anos no varejo da moda, vivi intensamente cada desafio e conquista, guiada pelo propósito de elevar a autoestima de mulheres. Filha de Edelveis Gomes e Geraldo de Lima, irmã de Júlio Cezar, aprendi cedo o valor da família. Casada há dezesseis anos com José Carlos da Silva, juntos temos dois filhos, Ana Clara e Anthoni Benício, que são a razão do meu viver. Formada em Psicologia, acredito que a sua imagem tem poder e posso provar. Neste livro, compartilho minha jornada através do pensamento positivo. É possível realizar o que desejamos e ser canal de inspiração por onde passamos.

julianalimaembaixadora.vendas

julianalima_multimarcas

+55 (11) 99984-4714

A FORÇA OCULTA DA IMAGEM: DE DESEJOS A REALIDADE

14

Por Juliana Lima

De auxiliar de quitanda a empresária de sucesso: a transformação que me levou ao topo

A minha história começa de forma simples, mas com um desejo profundo de algo maior. Desde muito jovem, eu, Juliana Lima, já sentia em meu coração que a vida tinha algo especial reservado para mim. Filha de pais separados desde os meus 9 anos, eu compreendi desde cedo que teria que lutar pelo que queria. Não nasci em um berço de ouro nem em condições privilegiadas, mas sempre tive o necessário: amor, força de vontade e desejo de superar as dificuldades.

Aos 14 anos, já estava determinada a conquistar minha independência financeira. Não era apenas uma questão de querer dinheiro, mas de me sentir capaz, de ter algo que fosse resultado do meu próprio esforço. Eu queria comprar coisas simples, como o famoso gel Bozzano, que estava em alta na época. Para a minha família, itens como esse não eram prioridade. Mas para mim, era uma representação da liberdade, da capacidade de conseguir algo por meio do meu trabalho. E foi essa necessidade que me impulsionou a buscar meu primeiro emprego.

Depois de muito insistir, consegui uma vaga de auxiliar de quitanda com minha prima, em Ribeirão Pires. Para muitos, esse era um emprego humilde, sem grandes perspectivas. Mas, para mim, significava o início de algo muito maior. Eu sabia que cada passo ali seria um aprendizado e, acima de tudo, uma forma de me aproximar dos meus sonhos. O interessante é que, mesmo em um ambiente que não exigia grandes formalidades, eu me apresentava com toda a seriedade do mundo. Na minha cabeça, a imagem que você projeta é tão importante quanto o trabalho que você realiza.

Eu me lembro de me vestir com uma saia de secretária, meia fina e camisa social, levando uma maleta executiva para trabalhar em uma quitanda. Pode parecer exagero, mas, para mim, aquilo representava o futuro que eu queria construir. Pegava o transporte público às 4h30 da manhã, com a convicção de que já estava traçando meu caminho de sucesso. Quando eu chegava na quitanda, a realidade era outra. Ali, eu colocava minha toquinha e começava a cortar salsinha e legumes o dia inteiro. O glamour da roupa logo se misturava ao cheiro forte dos vegetais e, ao final do expediente, meu perfume era substituído pela fragrância intensa de salsinha que exalava por todo o ônibus na volta para casa. Mas isso não abalava meu ânimo. Eu sabia que aquele era apenas o começo, que por mais simples que o trabalho fosse ele estava me ensinando lições valiosas sobre esforço, disciplina e humildade.

E, assim, com o suor do meu trabalho, alcancei minha primeira meta profissional: comprei o tão sonhado gel Bozzano. Pode parecer um objetivo pequeno, mas a sensação de realizar algo com o meu próprio dinheiro foi indescritível. Era um símbolo da minha autonomia, do meu primeiro passo rumo à independência. Eu sabia que grandes conquistas viriam, mas aquela, embora pequena aos olhos dos outros, representava uma vitória pessoal gigantesca.

Fiquei na quitanda por algum tempo, sempre me dedicando aos estudos em paralelo ao trabalho. Cada dia era uma lição nova, cada cliente que atendia me mostrava um pouco mais sobre o valor de servir com excelência, de oferecer o melhor, mesmo quando as circunstâncias pareciam desfavoráveis. E foi essa mentalidade que me abriu portas para uma nova oportunidade: uma vaga como repositora em uma loja de saldos.

Mais uma vez, eu me apresentei com a mesma determinação e vaidade. Embora o cargo exigisse roupas mais simples e confortáveis, eu insistia nos saltos altos, nas camisas acetinadas e, claro, nas meias finas. Caminhava pelos corredores da loja com a confiança de alguém que já sabia aonde queria chegar. Ali, comecei a entender ainda mais o poder da imagem, não apenas no que você veste, mas na maneira como você se comporta e se posiciona. Eu tinha o desejo ardente de ser uma mulher de sucesso, inspirada pela minha mãe, que sempre foi um exemplo de força e superação.

No entanto, com esse novo emprego, surgiram também novos desafios. Minha postura e aparência chamavam a atenção e isso começou a incomodar algumas pessoas. A liderança da loja, talvez por me considerar inexperiente, mas com uma atitude de autoridade, começou a criar dificuldades. Além disso, as pequenas variações no fechamento começaram a ser vistas como falhas graves. Eu era julgada severamente e isso me entristecia profundamente. Mesmo assim, continuei firme. Sabia que estava aprendendo lições valiosas e que cada obstáculo estava me moldando para o futuro. Não era fácil ser julgada por falhas que, para mim, eram mínimas, mas essas experiências me fortaleceram.

Quando finalmente saí daquele emprego, já me sentia mais calejada, pronta para enfrentar novos desafios. Minha próxima parada foi em uma empresa consolidada, que oferecia maiores oportunidades de crescimento. Fui contratada como vendedora e, em apenas três meses, já estava concorrendo a uma vaga de gerente *trainee*. Eram mais de trezentos candidatos para apenas três vagas e, mesmo com tão pouco tempo de experiência, eu me destaquei. Tive a sorte de ser guiada por um grande mentor, Tom Fonseca, que enxergou em mim um potencial que, às vezes, eu mesma não via. Ele me impulsionava a comandar a equipe, mesmo antes de eu ter o cargo de liderança. Foi com seu apoio que me tornei gerente *trainee* e ali comecei a descobrir meu dom para liderar. Nem sempre um bom vendedor é um bom líder, mas eu, modéstia à parte, me esforcei para ser ambas as coisas. Conquistei a vaga não apenas por vender bem, mas por acreditar profundamente no poder da imagem e da postura no ambiente de trabalho. Esses foram os pilares que me transformaram na empresária de sucesso que sou hoje.

Ao longo dos anos, trabalhei em diversas grifes renomadas de luxo, adquiri um vasto conhecimento no setor de moda e vendas, e viajei pelo Brasil, liderando equipes e impactando vidas. Não apenas me desenvolvi como profissional, mas também me tornei uma fonte de inspiração para outras mulheres, muitas das quais já não acreditavam mais em si mesmas. Antes mesmo de me formar em Psicologia, eu já era um canal de resgate de autoestima para muitas dessas mulheres. Eu me lembro de uma cliente em especial, que chegou até mim arrasada, acreditando que havia perdido a beleza e a confiança após uma série de decepções pessoais e profissionais. Com o passar dos encontros, eu fui ajudando-a a descobrir seu estilo e a redescobrir sua essência. A transformação dela foi um dos momentos mais gratificantes da minha carreira. Eu percebia que, ao impactar a vida dela, estava também resgatando a minha própria história e os desafios que enfrentei ao longo do caminho. Cada experiência, cada desafio, me trouxe até aqui.

Hoje, sou CEO da minha própria marca, a Juliana Lima Multimarcas, uma empresa que nasceu do desejo de impactar e transformar a vida de mulheres, não apenas por meio da moda, mas pela confiança e autoestima que uma boa imagem pode trazer. Este capítulo é a culminação de toda essa trajetória, um registro de cada batalha, cada superação e, acima de tudo, um testemunho de que é possível, sim, transformar sonhos em realidade.

Acredito que sorte é estar preparado quando a oportunidade chega. E foi essa preparação que me levou ao topo. Hoje, sou embaixadora e mentora de vendas e me dedico a treinar outras mulheres para que elas também possam fazer acontecer em suas vidas. Durante minhas mentorias, sempre enfatizo a importância da imagem e da autoconfiança. O que você veste não é apenas um reflexo do seu estilo, mas também uma declaração do seu valor e do que você é capaz de alcançar.

Nos momentos de dificuldade, eu me lembro de uma frase que sempre ecoa em minha mente: "Aprenda a enxergar o lado bom do lado ruim". É um mantra que tenho repetido ao longo da minha jornada e que se tornou um símbolo da minha determinação. O poder das palavras é imenso e eu sabia que, se eu acreditasse nelas, poderia moldar não apenas minha vida, mas também a vida de muitas outras mulheres ao meu redor.

Por fim, sou eternamente grata a Deus pela base que tive, pela família que construí junto ao meu amado esposo e a todas as pessoas que direta ou indiretamente me impulsionaram a chegar até aqui e trazer essa história real. Este capítulo não é apenas uma narrativa da minha vida; é um convite a todas as mulheres que buscam se redescobrir, acreditar em si mesmas e não procrastinar seus sonhos. Cada uma de nós tem uma história a contar e estou aqui para lembrar que, independentemente das circunstâncias, você pode e deve fazer acontecer.

O que me motiva a compartilhar essa jornada é a certeza de que há outras mulheres esperando por essa inspiração, esperando por alguém que as ajude a enxergar que a transformação é possível, que cada passo, por menor que seja, é um avanço rumo ao sucesso. Não se trata apenas de uma jornada pessoal, mas de uma missão coletiva. Juntas, podemos impactar e transformar o mundo, uma história de cada vez. Portanto, ao virar para a próxima página, permita-se sonhar alto e acreditar que o impossível é apenas uma palavra. Você é a protagonista da sua própria história e este livro é um guia que lhe mostrará que a realização de seus sonhos está mais próxima do que você imagina.

Juntas, podemos inspirar um movimento de mulheres que fazem acontecer, que se apoiam mutuamente e que têm coragem de se levantar e brilhar. Vamos mostrar ao mundo que não somos apenas espectadoras de nossas vidas, mas sim criadoras de nossos destinos. O futuro que você deseja já está esperando por você. E lembre-se: a única coisa que se interpõe entre você e seus sonhos é a sua determinação de fazer acontecer.

Dedico este capítulo aos meus pais, aos meus sobrinhos, aos meus irmãos, às minhas tias, aos meus tios, ao meu amado esposo, José Carlos da Silva, e aos meus filhos, Ana Clara e Anthoni Benício. Que, por meio destas palavras, vocês possam sentir o profundo desejo do meu coração: ver cada um de vocês caminhando firmemente nos caminhos do Senhor. E que um dia eu possa declarar com alegria: “Eu e minha casa serviremos ao Senhor”.

"Aprenda a enxergar o lado bom do lado ruim, pois é no caos que sua grandeza se revela. Transforme cada queda no impulso para a sua vitória."

Juliana Lima

Juliana Martins

Sou Juliana Martins, psicanalista, pós-graduada em Neurociências, membro da Sociedade Brasileira de Neurociências e Comportamento (SBNeC-USP), pós-graduada em Saúde Mental e especialista em Nutrição Comportamental. Sou diretora e fundadora do Instituto Life Fullness, um instituto multidisciplinar de saúde física e mental para mulheres e empresas.

Além de empresária, possuo mais de vinte anos de experiência atuando como gestora de RH em grandes multinacionais.

Uso da minha experiência acadêmica, pessoal, profissional e clínica para tornar o mundo física e mentalmente mais leve.

soujumartins
institutolifefullnessoficial
Juliana Martins
Instituto Life Fullness
+55 (11) 91616-3123
contato@julianamartinslifefullness.com.br

SEJA A ROTEIRISTA DA SUA HISTÓRIA

15

Por Juliana Martins

Hoje, quando as pessoas me veem como gestora em uma multinacional, empresária com mais de vinte profissionais no instituto que fundei, escritora, mentora e palestrante, podem acreditar que esse caminho foi linear ou sem grandes obstáculos. Mas a verdade é que a Juliana Martins que existe hoje é resultado de muitas batalhas, resiliência, lágrimas e um desejo inabalável de transformar a minha realidade. E não, nem sempre foi assim.

Eu nasci e cresci na periferia de São Paulo, estudando todos os meus anos escolares em uma escola pública e enfrentando os desafios que tantas mulheres conhecem de perto. Desde pequena, aprendi a encarar a vida com coragem e a fazer do improvável a matéria-prima para os meus sonhos. Aos 21 anos, tornei-me mãe solteira e, com isso, vieram as pressões, as incertezas e as dúvidas sobre mim, meu futuro e principalmente sobre a minha vida profissional que estava apenas começando. Lembro-me de em diversas entrevistas de emprego ouvir perguntas como: "Em que colégio você estudou?", "Quem vai cuidar da sua filha para que você possa trabalhar?".

Essas perguntas não eram apenas técnicas de um processo seletivo; eram julgamentos que carregavam um "não" silencioso, antes mesmo de eu ter a chance de mostrar quem eu era e provar o meu valor ademais das condições em que me formei ou estágio de vida que eu me encontrava. Mas eu sabia que se permitisse que essas barreiras definissem o que eu poderia ou não conquistar, estaria desistindo antes mesmo de começar.

Desde cedo, tive a clareza do que queria para minha vida. Eu sonhava em trabalhar em uma grande empresa e assim como os profissionais bem-sucedidos que a televisão mostrava, usar um *notebook*, ter um celular e dirigir o meu próprio carro. Essas imagens, que silenciosamente visualizava na minha mente, eram como símbolos da minha independência. Esses sonhos podem parecer banais para alguns, mas, para mim, eram metas que me guiavam. Sabia que se quisesse transformar esses desejos em realidade teria que trilhar um caminho mais árduo do que muitos dos meus concorrentes. E foi exatamente o que eu fiz.

Criei um plano detalhado e visual de onde eu queria estar em cinco anos. Eu me sentei em frente ao computador de uma pequena empresa onde trabalhava e, aos poucos, fui preenchendo a tela com imagens, palavras e frases que representavam meus sonhos. Esse mural se tornou meu guia, um lembrete constante do que eu estava perseguindo. Cada imagem era acompanhada de uma lista de ações que eu precisava tomar para tornar real cada uma delas: comprar roupas mais profissionais, aprender inglês, poupar um pouco do meu salário — mesmo que, muitas vezes, o salário não fosse suficiente nem para pagar as contas do mês.

O abismo existente entre expectativa e realidade, como sabemos, nem sempre é gentil. Cada tentativa de poupar era interrompida por um gasto inesperado. Cada curso que eu queria fazer precisava ser adiado para o mês seguinte, quando o dinheiro talvez estivesse um pouco mais folgado. Mesmo assim, como em uma maratona, eu seguia. E não foi por teimosia. Foi por acreditar, profundamente, que eu merecia aquela vida que estava desenhando. Cada "não" que eu recebia, eu transformava em combustível para continuar, porque, na minha mente, desistir nunca foi uma opção.

Aos 29 anos, após anos de luta e dedicação, alcancei uma posição de gestão em uma multinacional. Uma parte do meu sonho, enfim, se concretizava. Mas sabe o que é curioso? Ao chegar lá, percebi que não era o fim da jornada. Era apenas o começo. Porque a vida tem uma maneira interessante de sempre nos lançar novos desafios, e a cada desafio que conquistamos, uma força interna nos inunda, nos mostrando que estamos preparadas para mais.

Com a carreira decolando e repleta de viagens, a maternidade exigindo minha presença e as demandas do dia a dia, acabei negligenciando a saúde. Em menos de um ano ganhei mais de 13 quilos, o peso na balança aumentando a cada vez que eu me pesava, e de repente me vi presa em um ciclo de cansaço, falta de energia e a autoestima que parecia se esvair a cada dia. Como grande parte das mulheres na mesma situação, eu tentava dietas da moda, chás milagrosos, mas nada funcionava. Foi então que tive um momento de clareza: por que não aplicar a mesma metodologia que usei para conquistar meu espaço no mundo corporativo na minha vida pessoal?

Foi nesse período que comecei minha formação em *Coaching* e Neurociências e pude refinar ainda mais a maneira como abordava minhas metas. Deixei de lado as promessas vazias e os atalhos, e comecei a construir um plano estruturado para minha saúde. Em poucos meses, sem exageros e com consistência, eliminei muito mais que os 13 quilos e, mais importante do que o peso, recuperei minha autoestima, minha confiança, minha energia e meu sentimento de autoeficácia. E essa transformação não aconteceu porque eu segui um passo a passo e uma cartilha predefinida. Ela aconteceu porque eu me comprometi comigo mesma. Porque, assim como em outras áreas da vida, eu sabia que o caminho para o sucesso é feito de pequenos passos, todos os dias, e o mais importante: que a ação dependia única e exclusivamente de mim.

Essa metodologia se tornou meu alicerce em todas as áreas da minha vida. Ao longo dos anos, usei o mesmo princípio para abrir meu próprio Instituto, formar uma equipe de mais de vinte profissionais e lançar projetos que impactam a vida de tantas mulheres. Não foi sorte. Não foi coincidência. Foi propósito, estratégia e uma vontade inabalável de me tornar a melhor versão de mim mesma.

E talvez você esteja lendo isso e se perguntando: "Mas como faço isso? Como transformo meus sonhos em realidade quando tudo parece tão distante?". E minha resposta é simples, mas poderosa: comece. Comece onde você está, com o que você tem. Faça um plano, mas esteja disposta a adaptá-lo. Saiba que a jornada é feita de altos e baixos, mas cada passo que você dá na direção dos seus sonhos é um passo a menos que precisa dar amanhã.

Tirar seus sonhos e desejos do campo das ideias e transformá-los em pequenas ações assertivas e consistentes é o que fará a diferença entre ter um plano e comemorar uma conquista.

E, sim, a vida vai apresentar seus obstáculos, mesmo quando você decidir seguir fielmente a rota que trilhou para si. Nos últimos anos, vivi momentos que me testaram de maneiras que nunca poderia ter imaginado. Um dos mais desafiadores foi quando decidi doar um rim para meu irmão. A cirurgia, que era para ser um ato de amor e esperança, acabou sendo malsucedida, trazendo consigo um turbilhão de emoções - desde a frustração de não ter conseguido ajudar da forma que queria até a angústia de lidar com a recuperação de um procedimento tão delicado. Ao mesmo tempo, vi meu pai, um homem que sempre foi meu pilar, ser acometido por uma doença neurodegenerativa que, lentamente, o afastava da vida como ele conhecia.

Esses momentos que tinham tudo para me quebrar poderiam ter me feito desistir ou questionar o porquê de tanto esforço. Mas, em vez disso, eles trouxeram clareza sobre quem eu sou e o porquê da minha jornada. Em meio às lágrimas, à dor e ao medo, fui lembrada de que a vida é preciosa demais para ser vivida pela metade. Esses desafios não apagaram minha luz, mas, ao contrário, reacenderam a chama que sempre esteve dentro de mim. Eles me forçaram a olhar para dentro, a me conectar ainda mais com minha missão e a fortalecer meu compromisso em ser a mulher que sempre soube que poderia ser - aquela que não se deixa abalar pelas adversidades, mas que as usa como combustível para continuar avançando.

Cada obstáculo reafirmou minha paixão em ajudar outras mulheres a superarem seus próprios desafios e se tornarem a melhor versão de si mesmas, porque, no final das contas, é isso que realmente importa: como nos levantamos quando a vida nos derruba.

Para poder apoiar da melhor forma as mulheres que cruzassem o meu caminho, mergulhei no mundo acadêmico e, através de formações sólidas e profundas em neurociências, comportamento, psicanálise, hábitos, estilo de vida e nutrição comportamental, em conjunto com a minha vivência no mundo corporativo, posso, com um olhar integral, ajudar essas mulheres a descobrirem suas potencialidades em todas as áreas de suas vidas. Descobri com a vivência e a minha experiência de vida que esse é o meu grande propósito.

Então, pergunto a você: quais são os seus sonhos? Aonde você quer chegar? Qual é a mulher que você deseja se tornar? Porque, acredite, todas essas respostas já estão aí dentro de você. Elas apenas precisam de sua coragem para vir à tona. Não espere pelo momento perfeito, pelo cenário ideal ou pelo apoio que talvez nunca chegue. Acredite em si mesma. Arregace as mangas. Construa, dia após dia, a vida que você merece.

Mesmo sendo a autora desse capítulo em um livro sobre empoderamento, inspiração e motivação, a minha jornada não foi diferente da sua. Eu não tive um caminho mais fácil, um ponto de partida privilegiado ou uma garantia de sucesso. O que eu tive — e ainda tenho — é a determinação de não deixar os "nãos" da vida definirem quem eu sou, ou de deixar o meu passado definir toda a minha história. A boa notícia é que você também tem essa força. Permita-se descobri-la. E, acima de tudo, não cometa o erro de passar por esta vida sem ter tido o prazer de conhecer a sua melhor versão.

Hoje, sou uma mulher que se orgulha de cada queda e de cada recomeço. E se há algo que quero que você leve desta história, é que você também pode se levantar. Você pode se reinventar. E pode, sim, alcançar tudo aquilo que sempre desejou. Acredite, com estratégia, um plano bem estruturado e pequenos passos, contínuos e consistentes, o poder de transformar sua vida está nas suas mãos. Agora é a sua vez.

“Não cometa o erro de passar por essa vida sem ter tido o prazer de conhecer a sua melhor versão!”

Juliana Martins

Jusiana Vitali

Uma menina que sonhava ser professora, já foi além! Filha de agricultores, infância humilde, com formações que se estenderam nas áreas da educação e desenvolvimento humano.

Graduada em Letras e Pedagogia, pós-graduada em Gestão, Neuropsicopedagogia e Psicopedagogia, Educação Especial, formação em ABA, Terapia Floral e Psicanálise.

Desde 1997 atuo no desenvolvimento humano e educacional, com crianças e adolescentes típicos e atípicos, em ambiente escolar ou em consultório, com avaliação, intervenção e orientação familiar, escolar e mentoria de carreira. Autora de *e-books* de educação e orientação parental.

Cada pessoa tem sua trajetória de vida, dificuldades e realizações. *Bora* conhecer minha história?

jusianapsicopedagoga

jusianavitali.com.br

Elas fazem ACONTECER
Mulheres que inspiram e transformam

VOCÊ É CAPAZ DE MUITO MAIS DO QUE SONHA!

16

Por Jusiana Vitali

Infância na roça

"Ser humilde não significa ser menor.
Ser humilde não é sinônimo de ser pequeno."[1]

Filha dos agricultores Hilário e Valdenira, irmã do meio entre Everaldo, o mais velho, e Janice, a caçula — nossa diferença de idade é de 3 anos —, tive uma infância bem humilde na Sanga do Engenho, zona rural de Criciúma/SC. Meus pais, pessoas muito sábias, trabalhadores da agricultura, hoje, beirando os 80 anos, sempre me deram uma grande herança: bons ensinamentos e valores.

Brincadeiras no campo, ajudar nas lavouras de milho, feijão e fumo, estudos... tudo era bem conciliado, com uma rotina organizada. Na roça não tínhamos moleza, até porque um dos objetivos das famílias naquela época era de ter filhos para ajudarem nos afazeres da lavoura. Tanto que, com 8 anos, eu acordava cedinho para primeiro ir ajudar minha mãe a tirar leite das vacas, para só depois me arrumar e ir para a escola.

Durante a semana estudávamos meio período, no outro ajudávamos nos afazeres domésticos ou na roça. Aos finais de semana, ir à igreja era lei; após a missa ou "celebração", como chamávamos, passar na venda — pequeno comércio do interior — para comprar um doce: suspiro, maria-mole, sorvete seco. Ah, que nostalgia! Os domingos à tarde eram o auge da diversão: reunião

1 SER humilde não significa ser menor. Canção Nova. Disponível em: https://formacao.cancaonova.com/atualidade/ser-humilde-nao-significa-ser-menor. Acesso em: 29 out. 2024.

com primos, ir visitar um parente com o fusca do pai — sim, na minha infância toda, o veículo oficial era o fusca —, piquenique embaixo do pé de araçá que ficava no potreiro — grande espaço com gramado onde o gado pastoreava — e fim do dia era uma luta para desencardir os pés da sujeira de todas as brincadeiras.

A escola era o local onde realmente a gente ia em busca de conhecimento. Na época, não existiam *smartphones*. Algumas famílias mais abastadas possuíam a enciclopédia *Barsa*, porém não era meu caso. Portanto, a escola era o local em que se desenvolviam as habilidades acadêmicas, exclusivamente.

Nessa escola, Ângelo Izé, em que estudei até a 8ª série, hoje chamado de 9º ano, havia uma biblioteca minúscula, acredito que em torno de 2x2 m². Era o local que eu mais amava. Lembro-me até hoje dos clássicos contos de fadas, em que eu lia e relia centenas de vezes. E claro, não posso esquecer da Coleção Vaga-Lume, acredito ter lido toda. Não é à toa que mais tarde me tornei professora, estudei Letras e hoje estou aqui escrevendo para você.

Hoje, ao analisar minha infância, percebo o quanto meus pais eram regrados, corretos, mesmo sem muito estudo, tinham e têm um conhecimento, uma sabedora incrível. Tenho a maturidade para entender que meus pais foram o que souberam ser e tentaram fazer o melhor para a época.

Tive uma infância bem feliz, na simplicidade do interior, com a aquisição de muitas habilidades: responsabilidades, autonomia, organização, valorização do que se tem, capacidades estas que hoje lutamos tanto para incutir nos ambientes familiares.

Adolescência no convento

"Buscamos as experiências exclusivamente pelo valor emocional que elas nos proporcionam."[2]

A escola na qual estudei na minha primeira infância era dirigida por freiras. Aliás, havia na comunidade em que eu morava uma casa em que residiam as irmãs, como eram chamadas. As profissionais faziam parte da vida da gente e eu fui desenvolvendo o desejo de ser freira, sim, eu fui para o convento com o desejo de ser uma freira inspirada em irmã Dulce! Eu queria salvar o mundo!

Permaneci no convento durante quatro anos. Posso dizer que tive vários aprendizados nesta fase da minha adolescência, como procurar resolver os problemas da vida, responsabilidades, autonomia, resiliência. O desenvolvimento das funções executivas

2 SOLOMON, N. *Cause impacto*. 3. ed. São Paulo: Editora Gente, 2011. p. 41.

foi bem forte nesta fase. Tive que crescer e saber lidar com sentimentos sozinha. Houve um crescimento com isso, mas também uns traumas para a gente resolver na terapia quando adulta! Nem tudo são flores!

Após trinta anos, revivo hoje boas lembranças no grupo de WhatsApp do Magistério de Santo Antônio da Patrulha/RS.

Vida adulta

> "O conformista acredita que todas as coisas são obras do destino, já o ativista acredita que o destino é uma questão de escolhas."[3]

De volta a casa dos meus pais, lá fui eu iniciar minha longa carreira de professora. Assumi uma escola multisseriada na comunidade de São Pedro, interior de Forquilhinha-Distrito que se emancipou de Criciúma/SC. Lecionava, fazia a merenda, limpava a escola e cuidava da horta, sim, eu fazia tudo isso ao mesmo tempo! Socorro! Lá, fui acolhida por um casal muito querido, Elza e Arduíno. Morei com eles para poder lecionar na referida escola.

Aos 20 anos, passei em meu primeiro concurso público, cargo de professora em Forquilhinha/SC. Com 21 anos, iniciei a graduação em Letras na UNESC-Criciúma.

Meu grande desafio foi uma proposta de me mudar para o Espírito Santo. Daniel, meu noivo na época — estamos juntos até hoje —, iria trabalhar com seu pai que lá residia. Após muita reflexão, lá fui eu me mudar de estado mais uma vez. Tranquei a faculdade, pedi exoneração do concurso público e fui para junto do meu amor! Pois é, não me chame de louca.

Colatina, também conhecida como "Calortina", uma cidade no noroeste do estado, bem quente, foi meu lar durante treze anos. O casamento no civil aconteceu, o religioso foi na mesma igreja em que fui batizada, na comunidade de meus pais, Sanga do Engenho. Muita história aconteceu: amizades incríveis cultivadas até hoje, experiências profissionais, aprovação em um novo concurso público na área da educação como supervisora escolar, nascimento do amado filho Afonso, aquisição do nosso apartamento e muita saudade da família, já que 2.000 km de distância nos separavam.

Morar longe da família me trouxe grandes ensinamentos: tive que aprender a me virar sozinha mais uma vez, e isso me uniu muito mais ao meu esposo; percebi como amigos são a família

3 CURY, A. *O código da inteligência*. Rio de Janeiro: Ediouro, 2008. p. 44.

que a gente também escolhe. Não à toa, hoje, há quase dez anos morando em outro estado, mantenho uma amizade viva com os queridos capixabas.

Carreira

> "O que existe atrás de nós e o que existe a nossa frente são problemas menores se comparados com o que existe dentro de nós."[4]

Se eu tinha um sonho desde pequena de ser professora, os anjos ouviram meu desejo, pois há quase três décadas é nesta área que atuo. Um longo caminho já foi traçado, primeiramente com o Magistério, formação do Ensino Médio, que na época era chamado de Profissionalizante e logo iniciei em sala de aula. Cursei Letras; mais tarde fiz a graduação em Pedagogia e várias especializações foram surgindo: pós-graduação em Língua Portuguesa e Literatura, Gestão Escolar, Educação Especial e Inclusiva, Psicopedagogia e Neuropsicopedagogia.

Um questionamento que sempre tive foi que nem todos os estudantes aprendem de forma igual. Por isso, fui em busca de respostas. As especializações em Neuropsicopedagogia e Psicopedagogia me deram uma base importante para entender melhor esta minha indagação. Também me abriu um novo leque de oportunidades de atuação.

Quando surgiu a oportunidade de mudarmos para São Paulo na cidade de Indaiatuba, fui planejando deixar de atuar em escola para atender clinicamente, por meio dos estudos que já vinha me preparando dentro da área da Psicopedagogia. Faço a analogia de que pareceu ser mais um parto que tive na vida, deixar mais uma vez um concurso público, desta vez para empreender. Mesmo sendo também na área da educação, era diferente.

Acredito que todos os meus conhecimentos nessa área, que se iniciaram aos 15 anos, forneceram-me uma ampla bagagem para iniciar uma nova carreira. No entanto, precisei aprender a administrar um negócio, fazer a divulgação do trabalho, marketing, me posicionar enquanto profissional na cidade nova em que passei a residir. Confesso que ser funcionária pública me dava uma certa comodidade. Mais uma vez posso afirmar que muito crescimento e amadurecimento a gente adquire.

Novos desejos de conhecimento foram surgindo, o interesse pelo desenvolvimento humano e emocional foi um deles. Sou

4 COVEY, S. R. *Os 7 hábitos das pessoas altamente eficazes*. 47. ed. Rio de Janeiro: BestSeller, 2013. p. 118.

terapeuta Floral de Bach e finalizei o curso de Psicanálise Clínica, porque, como diz minha mãe: "O estudo não ocupa lugar" — querendo dizer que estudar nunca é demais. Bem, sigo seus conselhos há mais de quatro décadas.

Minha cabeça não para! Parece que quando um desejo se realiza, outros vão surgindo. Desejava ter um *site*, não só institucional, mas que fosse útil para pais, mães, professores e novos profissionais: *site* feito! Escrever *e-books*: feito! E claro, desde a adolescência sonhava em escrever: já estou na minha segunda experiência de coautoria.

Hoje me sinto muito realizada quando olho para trás e vejo minha história de vida, o quanto cresci, amadureci enquanto pessoa, profissional, esposa, mãe, amiga.

Afirmações para a vida

Ao longo da minha vida até aqui, acredito que muitas reflexões podem ser feitas. Compartilho aqui algumas com você, querido leitor ou querida leitora.

- Você não é uma árvore enraizada no local onde está! Saia do lugar, saia da zona de conforto se quiser evoluir!
- Traumas, mágoas, conflitos, sempre existirão em sua vida. Aprenda a lidar com isso.
- Nada cai do céu, é preciso esforço, foco, trabalho árduo.
- Muitas pessoas enfrentam conflitos com elas mesmas, nem tudo é sobre você.
- Você é a primeira pessoa que precisa acreditar em você, se não fizer isso, quem fará?
- Faça terapia: se conhecer, se autoanalisar é a chave para o bem-estar.
- É preciso cuidar de si, para depois cuidar dos outros: filho, familiares, trabalho. Coloque-se em primeiro lugar, isso não é egoísmo!
- Se aquela menina gordinha, pobre, envergonhada e chorona conseguiu e está conseguindo evoluir e alcançar seus objetivos, você também consegue!
- Se eu quero mudar de vida, preciso mudar meus pensamentos e minhas atitudes.
- Pode não acontecer amanhã, porém, se você desistir, não vai acontecer nunca!

"A mudança de vida está dentro de você, na sua mente. Mude suas atitudes! A decisão é sua!"

Jusiana Vitali

Karoliny Meirelles

Karoliny Meirelles, 29 anos, criada no interior de Pernambuco, em Lagoa de Itaenga.

Profissional do movimento, licenciada em Educação Física pela UFPE e bacharel pela UNIFACOL, pós-graduada em Saúde da Mulher: emagrecimento, fisiologia hormonal e treinamento pelo Instituto Ibrap. Pioneira na região a trabalhar com diástase e reabilitação abdominal.

Formações internacionais no método de *Gasquet*, Hipopressivos e *Low Pressure Fitness*. Mais de mil vidas alcançadas e transformadas pelo método, clientes em mais de nove países pelo mundo on-line e presencial.

Personal trainer, consultora e professora apaixonada por incentivar e disseminar práticas de saúde e resgate da autoestima feminina.

karolinymeirelles

+55 (81) 99676-5161

consultoriaonlinekr@gmail.com

Elas fazem ACONTECER
Mulheres que inspiram e transformam

DA MINHA DOR NASCEU MEU PROPÓSITO

17

Por Karoliny Meirelles

A maioria de nós mulheres profundas e imponentes viemos carregadas pelo nosso DNA por um propósito de vida maior, passamos por árduos processos de lapidação; estes nos desconstroem e constroem, mas no final nos levam ao centro da vontade de Deus. Atravessamos períodos em que nada que façamos fará com que as pessoas consigam nos enxergar no nosso potencial máximo, tempos em que os relacionamentos não se alinham e que muitas das nossas projeções parecem não fazer sentido.

A verdade é que a cada fase dessa, cada escolha que tomamos durante o percurso vão aos poucos se materializando e reafirmando o nosso "porquê", a causa por trás das coisas que fazemos e que nos levarão a ter determinados resultados no futuro. Quando o nosso porquê fica claro, as pessoas sentem, elas se conectam com a nossa autenticidade e verdade. Quando estamos alinhadas à nossa causa com aquilo que fazemos, que vai para além do serviço que nos predispusemos a fazer, a vida nos devolve com sucesso. E, infelizmente, hoje as pessoas tem uma ideia deturpada sobre esse termo, que simplesmente tem a ver com cumprir seu chamado!

Desde a minha infância, eu já sabia que eu queria viver uma vida diferente, já não queria ter que me comprimir para caber na caixinha de expectativas e desejos dos adultos. Não que isso representasse silenciar os meus gostos, os meus interesses e as minhas ideias. Adorava me sentir sempre um passo adiante, uma cabeça à frente do tempo em que meu corpo havia vindo ao mundo. A ideia de me sentir paralisada no tempo sempre me assustou. Vivemos tempos líquidos, em que tudo se transforma tão rapidamente que quem não acompanha tamanha fluidez será passado para trás.

Já a adolescência é uma das fases em que, por vezes, sem perceber nos desconectamos da nossa essência, daquilo que de fato nos proporciona felicidade genuína e faz com que tenhamos os nossos traços de originalidade preservados, mostrando como cada uma de nós somos únicas, especiais e autênticas. E isso porque o adolescente sente quase que uma necessidade inatingível de aprovação e reafirmação dos que estão ao seu entorno. Se tem algo que ele deseja é: ser parte de algo!

Uma das situações que me marcou e que pode lhe ajudar a ter clareza sobre tudo que foi dito até aqui foi aos meus 15 anos, a famosa e tão sonhada festa de debutante, que todo pai e mãe da minha geração faziam questão de realizar, e que a maioria das meninas da minha idade gostariam de ter tido. Apesar de vir de uma família humilde, eles me proporcionaram, dentro, é claro, das possibilidades financeiras e sociais que lhes cabiam. Lembro-me o quanto eu retrucava: Eu não quero um bolo rosa!

Nesses rituais, é comum seguir protocolos carregados de significados, tudo pensado e projetado com uma ideia de feminilidade romantizada, a qual eu já discordava. Mas tarde eu descobri que tinha alguns problemas com meu feminino, que era algo do meu inconsciente e custou a ser trabalhado. E, como qualquer adolescente nessa situação, precisei flexibilizar, cedi de um lado, minha mãe cedeu um pouco do outro, e no final eu entrei vestida de preto. Para ser mais exata, preto com rosa, mas ainda assim não era nada convencional. Então, desde muito cedo, Deus colocou esse espírito de ousadia em mim, de resistir, de problematizar e de criar meus próprios significados, e é claro que isso nem sempre foi confortável.

Parte disso advinha das minhas relações, inclusive com a minha mãe, que apesar de sempre contar com sua amizade e apoio, temos temperamentos parecidos, e isso, de alguma forma, gerava choques de posicionamentos. Com o tempo também fui notando como tinha facilidade em criar vínculos fortes com homens, como conquistava voz e confiança no meio deles, e como o inverso também ocorria. Era nítido que eu tinha feridas abertas nas minhas relações com as mulheres no geral. Mulheres que falavam mal uma das outras, que causavam situações de conflitos, que não olhavam para dentro de si e, consequentemente, eram incapazes de estender a mão ou inspirar outras. Até que eu finalmente compreendi que, para uma mulher conseguir acolher e ajudar outra, sua autoestima precisaria estar no lugar.

Em 2019, eu estava desempenhando diversos papéis, como uma máquina que trabalhava em quatro empregos para suprir a necessidade financeira que uma só não bastava. Investia todo meu tempo, saúde e energia na expectativa de uma ascensão social e de uma hipervalorização profissional que não acontecia, principalmente onde eu estava inserida. Naquela época, havia caído a ficha de que eu tinha entrado na profissão por revolta ao sistema, e os dois primeiros anos de trabalho estavam me causando o mesmo sentimento. Como seria possível? Aquela que eu havia desejado, disputado em todas as provas de vestibulares e que todos conseguiam me enxergar nela. Como não estar feliz o suficiente? Sempre busco reviver a minha jornada com orgulho de tudo e consigo facilmente perceber toda minha evolução até aqui. Sou profundamente grata às oportunidades que bateram a minha porta, boas e ruins. A mulher de hoje precisou agradecer aos erros e acertos que a menina de ontem cometeu. Menina essa que sequer imaginava sair de uma cidadezinha do interior do estado e que não permitiu que o ambiente ou as pessoas limitassem seus pensamentos, sua criatividade e a sua vontade de legitimar e ressignificar a relação da mulher com o seu corpo, sua autenticidade e a sua autoestima.

Lembram que lá atrás eu compartilhei com vocês a minha dor? O que eu mal sabia era que Deus estava forjando as minhas maiores debilidades para serem fonte de transformações reais de vidas. Muitas de nós estamos escolhendo e vivendo no automático, baseando nossas decisões nas pessoas ou nas circunstâncias em que a vida nos coloca. É aquela "segurança" que a gente não quer largar mão por uma oportunidade maior, medo do desconforto de novos ambientes, de pessoas, de nos posicionarmos, medo da falta! Mas quer falta maior do que a desconexão com nós mesmas?

Então algo crucial que eu precisei fazer foi: ir atrás de um ambiente extraordinário. Acreditem, ele existe e faz toda diferença. Isso me poupou um certo esforço e fez com que eu parasse de alimentar a ideia que implantam na nossa cabeça de que só força de vontade é o suficiente para chegar lá. Um ambiente em que as pessoas, os assuntos, o foco, as oportunidades, estivessem alinhados àquilo que acredito, meus valores, minhas crenças e as minhas perspectivas de mundo.

Migrei para uma cidade vizinha, passei por uma transição, não apenas de lugar, mas de carreira e de estilo de vida. Foi um momento em que, antes de qualquer coisa, eu precisei buscar novos recursos e novas ferramentas que as especializações e cursos já não seriam capazes de suprir, e entender todo processo de humanização e de acolhimento por trás do trabalho que eu viria a desempenhar e que meu público tanto precisava. É claro que isso implicou em recalcular rotas e dedicar mais tempo para cuidar de mim, da minha saúde, do meu casamento, da minha individuação e do meu processo de empoderamento, pois como faria isso com outras mulheres?

É impossível mudar o outro, abraçar suas fragilidades e limitações, quando entramos em postura de rejeição com nós mesmas. Ainda mais em processos tão únicos que somente nós enfrentamos e podemos compreender na sua totalidade: TPM, gestação, puerpério, climatério; isso vai muito além de processos fisiológicos, mas de autopercepção da imagem, do corpo e como isso impacta na nossa qualidade de vida, nos nossos relacionamentos e nas experiências que nos permitimos. A insatisfação com nosso físico pode nos privar de viver bem, gerar crenças limitantes e comportamentos lesivos à nossa saúde.

Então, independentemente das ferramentas que posteriormente eu iria utilizar para acessar essas mulheres, seja como *personal trainer* ou como consultora individual ou em grupos, eu iria cuidar de cada uma delas. Mulheres reais, com filhos, trabalhos, multitarefas, que em algum momento ou por razão pessoal entraram em fase de descuido com o seu corpo, mas que desejam voltar a olhar para si, e eu faria isso com extrema maestria.

À essa altura, eu já tinha um objetivo e não era que a estética delas gritasse através dos resultados obtidos pelo meu serviço, mas sim que as pessoas voltassem a percebê-las para além de seus papéis, como mulheres fortes e potentes que são e, consequentemente, a estética exalaria, seria algo inevitável.

Não há ferramenta mais poderosa para transformação do corpo e para nossa saúde no geral do que o exercício físico. Contudo, precisa ser bem planejado, orientado e fazer sentido para a realidade e rotina de quem o pratica. E muitas dessas mulheres vinham desistindo do movimento humano, porque não encontravam flexibilização, não estava suprindo suas demandas e seus objetivos de forma consistente e duradoura, principalmente para as que são mães.

Apesar de esse trabalho girar em torno do físico, sempre esteve claro para mim o quanto ele exigiria de princípios, como paciência, disciplina e persistência, e como eu precisaria ter um certo tato para questões individuais que cada uma delas me contaria através de suas histórias, e que a maioria dos profissionais não estão abertos para ouvir e perceber. Ali, eu acessaria vulnerabilidades, desconfortos, traumas e muitas outras subjetividades humanas. Assim, já durante os meus primeiros anos de vivência profissional, eu consegui detectar como existiam conexões em comum entre elas. Escapes de urina, dores na relação sexual, fraqueza abdominal, mas acima de qualquer outra coisa: o desejo de voltar a se sentir bem com a imagem refletida no espelho. Não é simplesmente um plano de treino que elas buscam quando nos procuram, por isso nunca será apenas isso que vou entregar a elas.

Minha metodologia foi construída em cima desta base tão sólida em que a experiência do autocuidado e acolhimento às mulheres está enraizada e é colocada acima de qualquer ideia estética que eu poderia vender.

"É impossível mudar o outro, abraçar suas fragilidades e limitações quando entramos em postura de rejeição com nós mesmas."

Karoliny Meirelles

Kelly Fernandes Umbelino

Muito prazer, sou Kelly Fernandes Umbelino. Tenho 40 anos, casada com Jarbas há dezoito anos, mãe de Ygor e Allana.

Deus é meu alicerce. Sou cristã e ministra de louvor. Minha base são meus pais e minha família, todos eles são parte essencial da minha jornada.

Sou formada em Direito e Administração de Empresas. Advogada e sócia proprietária da UC Advogados há quase seis anos, mas com mais de dez anos de experiência no ramo empresarial, trabalhista e execuções fiscais. Tive a oportunidade de estagiar na Procuradoria da Fazenda Nacional, no Banco Central do Brasil, no Tribunal de Justiça e em empresa familiar.

Palestrante, consultora empresarial com foco em gestão de negócios e mentora de posicionamento.

kellyumbel.adv

UC_advogados

kf.umbelino@gmail.com

Elas fazem ACONTECER
Mulheres que inspiram e transformam

ENFRENTANDO ADVERSIDADES E SUPERANDO LIMITES

18

Por Kelly Fernandes Umbelino

Acredito que todos nós já enfrentamos algum desafio, ou até mesmo vários desafios em nossa jornada. Nos questionamos sobre nossa capacidade de superação e até que ponto vamos aguentar as adversidades, seja na vida sentimental, profissional, financeira, familiar ou na saúde.

Mas saibam de uma coisa: nenhuma luta é tão grande que seja maior do que Deus, aquele que criou o céu e a terra, assim como nenhum sofrimento dura eternamente.

Vou contar um pouco do meu testemunho de vida e de tudo que eu e minha família enfrentamos até aqui, acredito que esse testemunho irá edificar a sua vida e lhe encorajar a permanecer firme, independentemente da luta que você esteja enfrentando neste momento.

Meus pais não conseguiram concluir os estudos, tiveram que trabalhar desde muito cedo. Se conheceram em uma metalúrgica, onde trabalhavam, logo se casaram e constituíram família. Tiveram uma vida muito simples e com poucos recursos financeiros.

Quando eu tinha 10 anos, meu pai decidiu começar uma nova atividade empresarial no ramo hidráulico. Minha irmã e eu, sempre curiosas e prestativas, passamos a querer ajudá-lo na empresa. Com poucos recursos, meu pai comprou uma seladora industrial, onde eu e minha irmã embalávamos as peças enquanto ele as colocava no carro para vender nos depósitos de materiais para construção.

Infelizmente, as dificuldades foram inúmeras, pois, além de não termos recursos financeiros para investir, ele precisava deixar algumas peças em consignação, afinal, a marca ainda não era conhecida e alguns clientes não acreditavam no produto. Enquanto meu pai saía para as vendas, eu e minha irmã ficávamos na produção das peças. Logo, minha mãe deixou seu emprego e passou a ajudar meu pai na administração da empresa.

Alguns clientes chegaram a dizer que os produtos não iriam vender e que meu pai deveria desistir, pois não tinha futuro. Certa vez, meus pais passaram por um grande constrangimento ao visitar um depósito. Ao apresentarem as peças para um cliente, colocando-as no balcão, o cliente deu um grito, dizendo: "Tirem essa porcaria da minha loja!" e jogou as peças no chão. Naquele momento, minha mãe, sem reação, encheu os olhos de lágrimas e olhou para meu pai se agachando para pegar as peças no chão. Eles não disseram uma única palavra, mas sentiram a dor da humilhação. Porém, não deixaram essa dor permanecer; eles acreditavam nos produtos e sabiam o que estavam fazendo.

Com o passar dos anos, as coisas melhoraram um pouco, mas ainda não tínhamos condições financeiras estáveis. Aos 15 anos, resolvi que iria trabalhar fora, pois buscava independência financeira. Passei na entrevista e na dinâmica em grupo de uma farmácia, onde passei a trabalhar em período integral e estudar à noite.

Certo dia, liguei para a empresa dos meus pais, como de costume, para falar com minha mãe, e o telefone só dava ocupado. Isso durou o dia todo até que consegui falar. Perguntei a ela por que o telefone estava ocupado o dia todo e ela respondeu: "Colocamos anúncio para contratação, estamos precisando de ajudante." Na hora, questionei: "Mãe, qual o valor do salário que vocês estão oferecendo?" Ela respondeu: "Um pouco menos do que você recebe na farmácia." Questionei: "Podem me contratar? O que acham? Afinal, eu já tenho experiência e aceito esse salário." Minha mãe respondeu que iria ver com meu pai e logo me deu uma resposta positiva.

Nessa época, saí da farmácia e retornei à empresa dos meus pais para trabalhar. Com o tempo, a empresa passou a ter um faturamento mensal e gerar lucros. Dividimos as tarefas empresariais: minha mãe passou a cuidar da parte administrativa, eu e minha irmã do setor de produção, e meu pai permaneceu nas vendas. Foi aí que nasceu a Markemis Indústria.

Os produtos passaram a ter muita procura, inclusive por representantes comerciais. Passamos então a fabricar as peças, tivemos que contratar mais colaboradores para a linha de produção. Neste período, exerci minha primeira liderança e gestão setorial. Passei a ensinar e treinar os colaboradores, administrar os pedidos, logística, controlar as faltas, realizar pedidos de compra, desenvolver os códigos dos produtos, além de administrar toda a linha de produção, desde a entrada dos pedidos até a entrega dos produtos.

A empresa foi crescendo e, aos poucos, fomos prosperando. Adquirimos outros bens, construímos a empresa em um prédio próprio e com três andares, passamos a ter uma vida financeira bastante próspera. Nessa época, vivíamos rodeados de amigos, e a casa estava sempre cheia.

Cursei Administração de Empresas para agregar na empresa. Minha tese de TCC foi baseada no estudo da própria empresa. No último ano da faculdade, conheci meu esposo e, com 11 meses de namoro, nos casamos; meu esposo também era empresário na linha de transportes. Após alguns anos de casada, engravidei do meu primeiro filho.

Tive uma gestação bastante complicada, pois tive hiperêmese gravídica. Passei a maior parte da minha gestação internada e sem forças para levantar-me da cama; emagreci mais de 15 quilos nos primeiros três meses de gravidez. Não perdi meu filho por um milagre. Após me recuperar da hiperêmese, no ano de 2008, quando estava com seis meses de gestação, a empresa pegou fogo. Passamos por uma cena de horror e tristeza vendo tudo que havíamos construído sendo consumido pelo fogo. Graças a Deus não houve feridos, mas perdemos tudo na linha de usinagem e fabricação; e o estoque, as máquinas e os tornos foram queimados. Sobraram apenas os computadores, pois eles estavam no segundo e no terceiro andar, onde não pegou fogo.

O prejuízo foi altíssimo e a reserva bancária não durou muito tempo, pois os custos com funcionários, impostos, além de todo o maquinário que teríamos que repor, eram altos. Entramos em um poço sem fim; parecia um pesadelo. Minha mãe entrou em depressão profunda, eu e minha irmã tivemos que amadurecer ainda mais e tomar à frente da parte administrativa. Meu esposo largou seus negócios e veio ajudar na empresa, juntamente com meu cunhado. Foram anos de sofrimento. Vendemos nossos bens: casa, veículos. Chegamos ao fundo do poço e começamos tudo do zero novamente.

Tínhamos uma promessa de Deus e foi isso que nos manteve de pé e com fé. Acreditávamos que essa fase ruim logo passaria e que conseguiríamos nos reerguer. Foram noites em claro, dias de muito trabalho; a casa já não era mais cheia, os amigos e familiares haviam se afastado, a vida próspera já não existia mais.

Foi então que decidi voltar a estudar. Meu esposo, minha mãe e eu nos matriculamos no curso de Direito, mesmo com poucos recursos. Eu havia ganhado uma bolsa de estudos e não poderia tirar notas baixas, senão a perdia; me dedicava dia e noite aos estudos.

No terceiro semestre, meu filho foi desenganado pelos médicos com meningite bacteriana. Ele ficou internado bem no período de provas. Eu não tinha forças para estudar, mas tinha que fazer. Deus foi meu refúgio e onde busquei a cura para meu filho. Deus o curou. Durante o período acadêmico, precisei estagiar, além de trabalhar na empresa, cuidar da casa e do meu filho.

Passei na prova da Procuradoria da Fazenda Nacional como estagiária na área tributária em execuções fiscais. Adquiri muita experiência. Após algum tempo, prestei outra prova para trabalhar como estagiária no Banco Central do Brasil e passei no processo seletivo, em concorrência com mais cem estagiários — existiam apenas duas vagas. Adquiri mais um pouco de experiência, porém o salário oferecido na época era muito pouco e resolvi participar de outro processo seletivo no Tribunal de Justiça — havia apenas uma vaga. Realizei novamente a prova, passei e fui chamada, agora, na área criminal, onde também tive a oportunidade de aprender muito.

Terminei a faculdade de Direito e fui prestar o exame de ordem. Não passei na primeira tentativa, pois nessa época não tinha tempo livre para estudar, precisava trabalhar. Foi necessário estudar nas madrugadas, mas deu certo, passei na OAB, enfim, advogada.

Nessa época, a empresa havia saído do processo de falência e começamos a nos reerguer novamente. Além da empresa, adquirimos outros negócios, como escritório de advocacia, loja de assistência técnica, estética, entre outros. Nos dividimos nas tarefas de gestão e administração. Retomamos nossa vida financeira próspera e reconquistamos todos os bens novamente, com um patrimônio ainda maior que anteriormente. Deus continua sendo nosso alicerce e a nossa força diária, nos dá sabedoria e dons para administrarmos outros negócios além da Markemis, que se tornou empresa familiar com base sólida, conhecida nacionalmente e concorrente de grandes marcas no ramo hidráulico.

Passamos a ser reconhecidos nacionalmente. Hoje, a empresa conta com uma média de mais de cinco mil clientes cadastrados e ativos. Temos um time de colaboradores internos na linha de produção e usinagem, um time de representantes comerciais em todo o território nacional. Temos uma linha completa de produtos no ramo hidráulico, com mais de quingentos itens, todos de fabricação própria.

Quando olho para trás e vejo tudo que passamos e aonde chegamos, vem a gratidão a Deus por ter nos sustentado e fortalecido. E, por mais que tenha sido difícil, valeu a pena, porque se tornou aprendizado e experiência de vida.

Com tudo que passei e aprendi, consigo aplicar esse aprendizado e experiência em minhas consultorias jurídicas e mentorias — advogo na área empresarial. Minha experiência de vida trouxe conhecimento, capacitação, confiança e fidelização de clientes. Passei a assumir a representação de causas empresariais e contratos de alto valor econômico, ou seja, uma grande responsabilidade. Com isso, precisei buscar ainda mais conhecimento e capacitação na área; os estudos nunca param, são constantes.

Mas posso dizer que me sinto vencedora por ter chegado até aqui, passei pelas adversidades e superei meus próprios limites.

"Ninguém é tão grande que não precise mais aprender e ninguém é tão pequeno que não possa se tornar grande."

Kelly Fernandes Umbelino

Dra. Kenia Oliveira

Sou Kenia Oliveira, casada, mãe de dois filhos e avó. Aos 22 anos, passei no concurso de delegada de polícia do estado de Minas Gerais, sendo uma das mais jovens do Brasil a assumir o cargo. Após a aposentadoria, retornei para a advocacia empreendendo no ramo jurídico, com duas unidades de atendimento presencial, bem como ministrando palestras, mentorias e treinamentos com foco em desenvolvimento pessoal e profissional, liderança, resultados, comportamento, gestão e enfrentamento de crises.

De abandonada a delegada, como uma menina simples foi a primeira mulher delegada regional em sua circunscrição, chefiando dezenove municípios. É essa minha história que eu vou lhe contar.

doutorakenia

Kenia Oliveira e Doutora Kenia

kenia-oliveira-17363a285

doutorakeniaadv@gmail.com

+55 (32) 99112-9964

Elas fazem ACONTECER
Mulheres que inspiram e transformam

O PODER DAS DECISÕES

19

Por Dra. Kenia Oliveira

Meus avós maternos formavam um lindo casal e tiveram três filhas, dentre elas minha mãe, aquela que não quis estudar e queria viver de amor com meu pai. Após alguns anos de casada, nasceu a primogênita, mas o casal não estava pronto para educar uma menina, desejavam continuar a vida louca. Deram-me aos meus avós, uma ocorrência comum até os dias de hoje. Mas eu não permiti que se tornasse uma triste história de abandono. E é por isso que eu estou aqui para contar a vocês.

Alguns anos depois, meu irmão nasceu e claro que, na cabecinha de uma criança, ela não entende por que o irmão é criado com seus pais e você, não. Minha mãe trazia meu irmão para nos visitar, meu avô sempre pedia que ela fizesse a compra do pão, deixando o troco sempre com ela. Assim, eu assisti essa cena até meus 12 anos, quando ela entrou em coma por diabetes e não mais retornou.

Provavelmente, ainda na infância, eu tenha tomado a primeira decisão importante na minha vida: eu não queria ser igual a minha mãe. Eu havia decidido o que não queria. Foi um grande começo para mim, porque para uma jovem de uma família de trabalhadores, o estudo é a maior arma que se possui. Aos 15 anos, eu já estagiava em uma instituição financeira e cursava Contabilidade e Inglês. No mês em que fiz 18 anos, eu tomei posse no concurso público da prefeitura da minha cidade. Verdadeiramente eu desejava uma vida de abundância e prosperidade e, principalmente, dar orgulho aos meus avós e minhas tias que tanto se esforçaram para me educar, demonstrando toda a gratidão que sempre senti pelo que me proporcionaram.

Quando entrei para a polícia civil de Minas Gerais como delegada de polícia (um dos concursos mais difíceis que existe), eu sabia que ali seria onde eu desenvolveria toda minha paixão pelo ser humano. Ali nascia a Dra. Kenia. Toda profissão possui suas dores, mas é você quem decide onde deseja focar. Eu quis focar em atender da melhor forma possível e compreender o ser humano, pois quando uma pessoa chega a uma unidade policial, o que ela deseja? Ser acolhida em sua necessidade, ser vista e ser respeitada, independentemente de qualquer coisa.

O dia a dia de uma delegacia de polícia é uma mistura entre dor e raiva, decepção e esperança. Será que as pessoas que chegavam para os atendimentos desejavam estar naquela situação? Ou eram as circunstâncias que as levavam até lá? Tudo isso sempre me intrigava e eu me permitia conversar para saber quais eram os pensamentos das pessoas (lembre-se: sou uma apaixonada pelo ser humano) e como elas agiam ou deixavam de agir.

Você pode decidir entre colocar a culpa nos outros ou se autorresponsabilizar. O que é mais fácil? Claro que é sempre arranjar uma desculpa, porque dessa forma você não tem que agir, e agir dá trabalho, cansa. E por todo tempo do mundo eu queria conhecer as pessoas, entendê-las e entender suas escolhas.

Certa vez, ainda antes dos 30 anos, quis conversar com um detento (era assim que se denominava naquela época). Era um jovem bonito, louro, olhos azuis, que aterrorizava a cidade com diversos tipos de delito. Ora ele ia preso, ora era solto. Aprontava de novo e voltava. Colocou fogo em uma escola infantil, ganhou fama. Naquele dia, eu entendi que precisava conversar com ele e pedi que o trouxessem ao meu gabinete. Ele me respeitava muito e solicitei ao policial que o deixasse sozinho comigo. Olhei nos olhos dele (ele bastante agitado) e perguntei: “Por que você é assim? Ele entendeu a pergunta e disse: “Porque eu sou revoltado”. “Mas, porque você é revoltado?”. “Porque meus pais são doidos (bêbados e drogados) e me deram aos meus avós”. Perguntei: “E seus avós? São bons para você?”, “Sim, muito.”, ele respondeu. Respirei, olhei fundo nos olhos dele e respondi: "Essa é a minha história. A diferença é que você alimentou a raiva e eu alimentei a gratidão. E essa foi uma decisão que eu tomei."

Foram minutos de conversa que definitivamente mudaram minha vida e a dele. Aquela fora uma das últimas conversas que tive com ele. Depois de cumprir a pena, ele se mudou para a capital e anos depois me ligou para contar que havia se casado, saído do mundo do crime e possuía uma empresa de construção civil. Para mim foi um momento em que a gratidão e o amor se tornaram palpáveis em minha vida, eu enxerguei nitidamente o que eu escolhi e os resultados da minha escolha.

A todo o momento fazemos escolhas, seja sobre o que você coloca no seu prato para comer (decisão automática e imediata), seja sobre a compra de um veículo (decisão racional após comparações e planejamento). Toda escolha implica renúncia e isso significa que existe uma consequência para cada decisão. Tomando consciência disso, observe a importância dos seus atos, mesmo que cotidianos. As suas escolhas e, consequentemente, a tomada de decisão vão lhe levar aonde você deseja. A tomada de decisão já é uma ação, porque pensar em tomar uma decisão e não agir, não adiantará nada, ficará apenas no âmbito do pensamento.

As suas decisões sempre serão influenciadas por uma série de fatores, como emoções, experiências anteriores, seus próprios valores pessoais e suas pressões externas. Se você estiver em um momento de estresse, ansiedade, tristeza ou outro sentimento que altere sua percepção, deve ficar atento para que suas decisões, tanto no âmbito pessoal como profissional, não lhe tragam um resultado inesperado.

Equilibrar as emoções é fundamental para a tomada de decisões, pois as emoções moldam a forma da percepção das situações. Até mesmo nas decisões racionais precisa da emoção, pois sem ela você terá dificuldade de tomar uma decisão. Manter a energia alta e positiva lhe proporcionará a oportunidade de você enxergar novas possibilidades e se arriscar moderadamente para algo que deseja.

A cada dia precisamos ter uma tomada de decisão cada vez mais rápida exigida pelo ambiente moderno, por isso, quanto mais você se conhecer e tiver sempre em mente os seus objetivos, se desviando das interferências, maior a chance de ter tomado a decisão que mais lhe beneficia.

A vida é cheia desses pontos de inflexão em que você tem que parar e decidir para qual lado você vai. Escolhas erradas também fazem parte do processo. Comigo foi assim. Provavelmente um dos meus maiores aprendizados, que eu chamo de desconexão, foi quando eu parei de perseguir meus propósitos e desalinhei de meus valores. Mas é claro... os resultados negativos vieram e daí em diante, eu decidi voltar aonde eu tinha me perdido. O que não pode acontecer é você reconhecer o erro e não ter a coragem de inverter seu processo.

E com coragem eu decidi entrar numa corrida eleitoral sendo candidata à prefeita em minha cidade. Sem tradição, sem experiência, sem equipe pronta, sem custeio, tudo partindo de um enorme desejo de melhorar a vida das pessoas da minha cidade. Mas não é simples assim. Durante a campanha, mantive minha energia e foco exatamente no que eu precisava: no eleitor. O jogo da política é pesado e ao abrirem as urnas não havia os votos esperados. Na vida, eu nunca perco, ou eu ganho ou eu aprendo. Aprendi.

De onde você veio não é para onde você vai. Vá para onde quiser. Ouse ir sempre além. Ousei e ouso, afinal sou da terra do pai da aviação, terra do nascimento do nosso querido Santos Dumont, quer maior incentivo? Ele nos ensinou a buscar o extraordinário.

Durante minha caminhada, sempre escolhi não carregar as coisas ruins que me aconteceram: ofensas, mágoas, desprezos, preconceitos, tentativas de abuso, humilhações. Se eu fosse carregar tudo comigo, pesaria demais e eu iria em passos lentos para atingir os meus objetivos. Você não é o que lhe aconteceu, mas sim o que você fez com o que lhe aconteceu. A escolha é sua, viver eternamente naquele momento de dor ou seguir adiante.

Mas fui a passos largos e, como delegada de polícia, tive destaque regional, o que me fez receber inúmeras premiações e condecorações pelos serviços prestados, tendo conseguido ser a primeira mulher a assumir a delegacia regional de Barbacena/MG, comandando a polícia civil em dezenove municípios pertencentes àquela circunscrição. Enfrentar uma gestão com tantas autoridades, enfrentamento de crises, administrar recursos escassos, tudo isso trouxe grandes aprendizados à minha vida pessoal e profissional. Eu me lembro quando, aos 22 anos, precisei decidir se assumiria ou não o cargo de delegada de polícia. Minha família tinha medo, pois isso era algo sem precedentes na família. Eu também tive medo, mas fui com medo mesmo. Foi mais uma decisão que mudou o rumo da minha vida.

De tantas escolhas e tomadas de decisão, penso que casar me proporcionou a estabilidade emocional que eu precisava para me manter no foco da prosperidade e abundância para minha vida. Ter uma pessoa que lhe apoie e lhe sustente emocionalmente traz segurança para dar o passo onde você não consegue enxergar. Evitar distrações e perdas de tempo também contribuirão para sua chegada ao objetivo. Ter sempre gratidão pela sua história, respeitando o que lhe aconteceu e o que você fez com o que lhe aconteceu. Quanto tempo você vai ficar remoendo as coisas ruins que lhe acontecem? Décadas, anos, dias, minutos? Enquanto remói, você está perdendo tempo de avançar rumo ao seu futuro.

Decida-se por ser resiliente e seguir adiante. Aquele que lhe fez o mal é quem deve carregar o peso. O poder da decisão está com você e é com este poder que você escolhe se você é o que lhe aconteceu ou se você é o que você fez com o que lhe aconteceu. Carregar suas dores e mágoas lhe enfraquece e você gasta energia justamente no que você deseja esquecer. Portanto, deixe para trás tudo que lhe doeu e siga adiante com o aprendizado, focando sua energia no presente e construindo seu futuro.

“Você não é o que lhe aconteceu, mas sim o que você fez com o que lhe aconteceu. A escolha é sua, continuar na dor ou seguir adiante.”

Dra. Kenia Oliveira

Malu Kich

Sou Malu Kich, natural de Curitiba/PR e resido em Paranaguá/PR desde o meu nascimento, na casa onde fui criada pelos meus avós.

Sou terapeuta oraculista há seis anos, utilizando o tarot terapêutico, runas (antigo futhark) e o baralho Petit Lenormand para auxiliar, através da ciência do espírito, quem procura se conhecer e superar seus desafios, construindo seu destino e alcançando um futuro melhor.

Também estudo Astrologia e Psicologia, acreditando que unindo os saberes da mente, do espírito e as influências celestiais, somos capazes de aprimorar nossa experiência de vida.

Após anos perdida entre as expectativas alheias e padrões de comportamento, descobri meu propósito com o autoconhecimento e hoje ajudo quem se busca.

malukichtarot

malukichtarot

malukichtarot@gmail.com

UMA JORNADA DE REDESCOBERTA DA ALMA

20

Por Malu Kich

Esse é um relato sobre sonhos. Sobre fins de ciclos e inícios de novas jornadas. Eu sempre fui uma criança muito ativa, o esporte e a arte eram uma paixão. Eu me lembro que minha mãe comprava livros infantis que vinham com fitas cassetes e esse era o meu maior passatempo. Adorava decorar as fitas e depois contar essas histórias. Foi o meu primeiro contato com a leitura. Também amava praticar qualquer tipo de esporte. Desde o karatê e o balé até a ginástica olímpica e o violão, tudo me fascinava, mas não me dava a vontade de continuar. Eu iniciava algo, mas nunca sentia aquela faísca de seguir em frente. Talvez pelo fato de eu aprender muito rápido e consequentemente aquilo se tornasse fácil para mim, mas eu simplesmente não sentia mais vontade de continuar.

Até que eu encontrei o vôlei, algo que eu nunca procurei, que eu nem sabia que queria. Eu acredito que foi ele que me encontrou. De uma maneira despretensiosa como todas as outras atividades, eu descobri aquilo que fazia meu coração pulsar. Todos os dias eu acordava e dormia pensando em como ser uma atleta, cada dia me superando e buscando o meu melhor. Os treinos de 1 hora por dia, duas vezes na semana, se tornaram 2 horas por dia, cinco vezes na semana. E mesmo após o final deles, eu ainda me sentia motivada a continuar treinando em casa. Eu tinha encontrado algo que me preenchia, eu sabia o que queria fazer da minha vida. E eu me sentia completa e pronta para alcançar uma profissão no vôlei. Faltavam apenas dois anos de Ensino Médio e logo eu iria pra Curitiba tentar entrar como jogadora em um dos times mais concorridos do Paraná.

Mas não foi isso que aconteceu. Como eu disse, essa é uma história de finalização de ciclos para novos inícios e eu, aos 16 anos, faltando tão pouco para realizar o sonho da minha vida, descobri que ele nunca poderia se realizar. Meu joelho esquerdo doía muito e já era hora de buscar orientação médica. Uma síndrome hereditária chamada de Ehlers-Danlos, que causa uma grande fragilidade nas articulações e nos ossos, me tiraria aquilo que eu sempre coloquei como meta alcançada. Foi uma pancada, mesmo que eu não tenha demonstrado por muitos anos. Nunca mais poder fazer aquilo que era meu grande objetivo de vida, nunca mais poder dar meu sangue dentro de quadra e demonstrar minha força de vontade que eu nem sabia que exista dentro de mim, até eu descobrir esse esporte.

Por muitos anos eu escondi essa frustração. Não queria parecer derrotada na frente dos outros. Logo eu, que venci a pneumotórax ao nascer, ficando quinze dias na UTI sem expectativas de melhora. Depois venci a rejeição paterna e o abandono materno, mesmo que temporário. Eu tinha que ser forte, a vida me forçava a isso, ou era o que eu pensava. Eu dizia "Não deu certo", sem muitos detalhes, e fingia que estava tudo bem. Mas não estava. Desde que esse sonho foi interrompido um vazio se instalou dentro de mim. Era como se aquele fogo que alimentava o meu ser tivesse se apagado. Tentei acender ele de outras formas: com a faculdade de Direito, faculdade de Administração, faculdade de Letras. Nada conseguia trazer aquela sensação de volta. Nada me encantava como aquele esporte me encantou.

Eu já fazia as coisas por fazer, sem muita expectativa. Era como cumprir uma regra imposta pela sociedade que nos diz que só seremos alguém no mundo se tivermos um diploma acadêmico na mão. Então, era isso que eu buscava, um diploma. Em qualquer área, de qualquer jeito, só para mostrar que eu era capaz. Mas, como na infância, eu não sentia vontade de continuar em muitas atividades por aquilo não me encantar, assim também foi na juventude.

Até que um dia o mesmo joelho que me tirou o sonho da minha vida me trouxe outro motivo para sonhar. Aquela chama não tinha se apagado, ela só estava enfraquecida. E uma faísca se acendeu. Ao lesionar a minha perna esquerda, quebrando a espinha da tíbia e quase rompendo o ligamento cruzado anterior, eu me vi durante um mês deitada em uma cama sem poder me levantar. O tempo não passava, o mundo continuava acontecendo e eu me sentia estagnada. Foi um mês deitada, que pareceu uma eternidade. Eu me sentia a pior pessoa do mundo, como se o mundo todo continuasse girando e vivendo, e eu perdendo tempo. Mas foi neste mês de estagnação, quebrada e dependendo de todos para tudo, que eu voltei a sonhar.

Como eu disse, a arte também era uma das minhas paixões e eu amava ler. A leitura sempre foi uma fuga da realidade, que muitas vezes não era fácil. Na minha adolescência, eu lia revistas com horóscopos dos signos e algumas vinham com brindes, como cristais e runas (pedras oraculares). Mas eu nunca imaginei que isso poderia ser uma profissão. Aos 26 anos, com a perna engessada do calcanhar até a virilha, eu encontrei o *tarot*.

Entre muitos vídeos e livros que eu usava para tentar escapar mais uma vez da realidade, essa ferramenta de autoconhecimento caiu no meu colo, literalmente. Eu me encantei pela jornada do herói, pelos desafios que ele supera para conquistar sua realização. Aprendi que esse herói somos nós e que essa jornada é eterna, sempre acontecendo no início de um novo projeto. Para ser sincera, eu queria aprender o *tarot* terapêutico para me ajudar, como uma forma de compreender melhor muitas situações da minha vida até aquele momento. Mas quanto mais eu estudava e entendia esse oráculo, mais eu sentia aquela chama adormecida aumentando. Depois descobri as runas nórdicas e as mitologias dos povos islandeses antigos que cultuavam a natureza e usavam galhos de árvores e pedras para se comunicarem com o divino. Passei a estudar também o baralho Petit Lenormand, que anteriormente era jogado com o baralho de cartas, trazendo uma visão mais resumida.

Todos esses oráculos são chaves de conhecimento e poder. Quanto mais eu aprendia, mais eu queria praticar. Fazia muito sentido como essas ferramentas alcançavam o inconsciente silencioso que eu sozinha não conseguia. Aprendi que a terapia oraculista é uma ponte entre nossa realidade e aquilo que podemos fazer para mudá-la para melhor. Tive, e tenho até hoje, grandes mestres. Os oráculos terapêuticos não previam o meu futuro. Melhor do que isso, eles me davam a capacidade de tecer o meu destino.

Engraçado como coisas “distintas” podem inspirar uma única pessoa. Hoje entendo que a correria do nosso dia a dia, a sociedade impondo regras e nosso infeliz ato de agradar as vontades alheias nos afastam do nosso verdadeiro propósito.

Quando perdemos algo muito significativo em nossa vida, devemos sentir essa perda. Ela precisa ser processada. Ao esconder as minhas dores e frustrações, acabei vivendo uma vida sem motivação, sem sonhos. As dores sempre voltavam à medida que eu tentava escondê-las. Você pode se permitir sentir a frustração de não ter alcançado um objetivo, de ter uma perda repentina e sem volta. É necessário se curar para seguir, senão acabamos sangrando pelo caminho.

Hoje, aos 32 anos, eu me sinto a pessoa mais realizada do mundo, como eu me sentia aos 15 anos. Não existe nada mais prazeroso do que encontrar o que estava buscando e saber que isso também me buscava. Poder ajudar as pessoas a se reerguerem, curar traumas e feridas antigas, se libertar de relacionamentos tóxicos e aceitar seu verdadeiro poder pessoal me faz bem. Poder ver o sorriso e a confiança das pessoas depois dos atendimentos é um verdadeiro presente.

Apesar de não ser uma profissão fácil, pois existe muito tabu em relação à terapia oraculista, é algo que me engrandece. Acredito que todo mundo mereça viver isso. Encontrar sentido na vida, se encontrar e ser o melhor possível. Há cinco anos, meu trabalho me proporciona essa conquista, que não é minha, afinal eu sou apenas a ponte entre as mensagens do inconsciente para o consciente. Essa é uma conquista de quem busca a orientação dos oráculos terapêuticos, aceita se encarar e não desiste de si.

Seja com a jornada do *tarot*, com a ancestralidade das runas ou com a objetividade do Petit Lenormand, eu sou abençoada de presenciar o verdadeiro poder do renascimento. Assim como a minha luz interna voltou a brilhar, eu busco com o meu trabalho motivar quem me procura para se iluminar. É gratificante ser uma rede de apoio para quem precisa, como um dia eu precisei. Acredito que formamos uma grande corrente de evolução e, participar do processo de evolução de alguém é uma das coisas mais lindas que eu já pude presenciar.

É libertador se permitir ser quem é, se livrar das amarras e vencer os desafios da vida. Eu sempre aprendo com meus atendimentos e toda experiência é única. Existe uma motivação enorme em me aprimorar e dar o meu melhor. Depois de tanto tempo buscando, eu finalmente encontrei minha vocação.

A terapia oracular me ajudou a olhar para dentro de mim, explorar meu inconsciente e encontrar as verdadeiras respostas. Meu objetivo hoje é ajudar outras pessoas nesse processo, utilizando essa ciência do espírito. Auxiliar quem busca acreditar em si, em seus potenciais e usá-los da melhor forma possível para realizarem seus sonhos, a nunca desistirem de si mesmos e olharem para os desafios da vida por uma perspectiva diferente, descobrindo sua força interna e encontrando soluções para vencer qualquer obstáculo.

Nesse grande mar que é nossa vida, nosso destino está em nossas mãos. Cada um é o capitão do seu barco e, apesar das tempestades naturais, um bom capitão não desiste de chegar ao seu objetivo. Os heróis das histórias que ouvimos desde a infância somos nós, se conseguirmos olhar nossa vida com grandeza. Cada ser tem sua jornada individual que se mescla com o coletivo, e nossas escolhas devem ser sempre guiadas pela nossa alma. Devemos nos jogar no vasto horizonte que é a vida e abraçar as oportunidades que esse mar aberto nos traz, encontrando, além de nós mesmos, a realização dos nossos objetivos.

"Os heróis das histórias que ouvimos desde a infância somos nós, se conseguirmos olhar nossa vida com grandeza."

Malu Kich

Marilda Silva

Sou Marilda Silva, nascida em Patrocínio/MG, e há 42 anos moro em Salvador/BA, onde criei meus três filhos, todos homens. Sou arquiteta de interiores e amo transformar espaços, trazendo beleza e funcionalidade à vida das pessoas. Também trabalhei no setor financeiro de uma empresa de transportes, o que me deu uma visão mais ampla do mundo corporativo.

Nos meus momentos de lazer, o esporte tem um papel fundamental. Pratico *stand-up paddle*, remo e musculação, atividades que me conectam à natureza e à minha força interior. Minha vida é movida por desafios e pela busca constante de equilíbrio entre corpo, mente e carreira.

masiol1956

COMO DEUS PODE NOS AJUDAR EM PERDAS IRREPARÁVEIS

21

Por Marilda Silva

Era uma linda tarde de verão... Todos alegres se movimentando para a noite de Réveillon/Ano Novo (2002/2003) e nos preparativos para o dia 1º, na Procissão do Senhor dos Navegantes.

Meus dois filhos menores tinham ido para os Estados Unidos, para um curso de verão, para sair um pouco da Bahia. O mais velho, Gabriel, ainda estava em dúvida se iria comigo ao baile do Hotel Catussaba, com todos da família que tinham vindo de Minhas Gerais e São Paulo. Eis que ele me confirma: "Mãe, em vou com vocês." Pedi que confirmasse a entrada no baile, dele e da namorada, e ele me disse algo: "Mãe, não vou de branco" o que me surpreendeu foi que nós dois fomos de vermelho.

Eles foram conosco no nosso carro, mas, se resolvessem dormir lá, na manhã seguinte, iria o microônibus buscar todos para levar à Ribeira, bairro de Salvador, para pegar a escuna Doce Deleite para irem à procissão. Nós decidimos voltar um pouco mais cedo por causa dos preparativos, e eles voltaram conosco. Gabriel pediu para a namorada dormir em casa para facilitar e agilizarmos no dia seguinte. E assim tudo foi.

Já cansados, fomos logo dormir, por volta de 1h30 da manhã. Às 2h40, acordei com o grito de Gabriel, corri até a porta do quarto, mas o fogo já estava enorme e me jogou uns 2 metros para trás. Toda chamuscada, mas com a sorte de ter dormido de camisola de algodão, que não grudou no meu corpo, levantei rápido, fui até a porta novamente, porém não tive coragem de entrar no fogo, então gritei para meu filho: "VEM PRA CÁ!". Mas o barulho do fogo era tanto, que ele não ouvia. Eu olhava para trás e meu marido estava dormindo. Então, decidi acordá-lo e disse: "Tem fogo na casa! Gabriel está no outro quarto, vou buscá-lo!". Ele então respondeu: "Deixa que eu vou!". Chamei o caseiro e começamos a encher os baldes de água.

Gabriel conseguiu sair do quarto, correu pela porta da sala, porém estava com o quase todo corpo queimado, escorregou e caiu. O pai veio atrás dele. O caseiro ligou a mangueira do jardim e jogou água neles. Em pouco tempo, a rua estava cheia de gente, a ambulância e o Corpo de Bombeiros chegaram. Os bombeiros não tinham condições de carregar Gabriel na maca, e ele teve que ir andando até lá, pois, devido às queimaduras, partes do corpo se soltavam. Por causa da quantidade de pessoas em volta, eu precisei me agachar para conseguir vê-lo. Estiquei meu braço entre as pernas das pessoas, toquei a cabeça dele e disse: "Vai com Deus, meu filho". Pai e filho entraram na ambulância e foram para o hospital. Somente às 5h o Corpo de Bombeiros conseguiu apagar o fogo.

Ah! E eu, muito nervosa, o tempo todo falava que tinham que procurar a namorada do Gabriel, que não tinha saído da casa, mas o bombeiro dizia que não tinha mais ninguém lá dentro, até ficar sem paciência comigo. Chamei meu irmão, Ricardo, que estava num hotel. "Você pode vir aqui? Mas venha sozinho. Aconteceu uma coisa muito ruim comigo". Enquanto ele não chegava, meu vizinho mandou seu filho me levar ao hospital.

Eu pedi para chamar meu médico de confiança, de família, doutor Jardelson Andrade, que também estava na procissão, na embarcação escuna Mariana. Foi difícil, mas consegui falar com ele também, e todos me encontraram no estacionamento do hospital. Ali vesti a roupa que minhas amigas haviam trazido, pois ainda estava com a camisola queimada.

O médico e meu irmão providenciaram para transferir meu filho e meu marido de hospital. Gabriel ficou dois dias em coma e não resistiu. O pai ficou 20 dias em coma, mas não podia saber da perda do filho. Eu, forte e sozinha, desde o momento da notícia do médico, só fiz agradecer a Deus por ter tido meu filho por 18 anos e meio. A presença de todos foi muito importante naquele momento, mas a do meu pai e a da minha mãe foram especiais.

Depois de passar a noite acordada e tomar banho no banheiro dos funcionários do hospital, eu fui para velório de meu filho, com o caixão dele lacrado. **Dor. Só a dor reinava em mim.** Porém, eu fiz uma promessa a Gabriel: que tentaria continuar a ser a pessoa que era: alegre, comunicativa e prestativa. Mas havia uma incógnita do que seria dali para frente. Ali no velório, um casal amigo me emprestou um *flat* para eu ficar uns dias, porque não tinha para onde ir. Lavei as roupas do meu outro filho à noite para vestir de manhã, pois tinha perdido todas as outras.

Veio a missa de 7º dia, a igreja lotada. Eu e meus dois filhos pequenos chegamos, mas o padre a quem pedi para celebrar a missa não estava lá. Tudo bem, o padre titular da paróquia, padre Ângel, celebrou e até hoje é meu amigo. Eu conversei um pouco com ele e dei a lembrança que havia preparado, que dizia: "A dor da perda é muito grande, mas a alegria de tê-lo tido é ainda maior sempre".

Meu marido só veio saber da perda depois de um mês. Sempre perguntava: "Onde está Gabriel?", e eu respondia (por orientação médica): "Está melhorando um pouco a cada dia, como você." Não podia falar a verdade, ele não sabia que a casa toda tinha queimado e havia perdido tudo, inclusive o filho. O importante é que, com a dor, aprendemos muito, no dia a dia, sobre a obra de Deus na nossa vida.

Depois de quatro meses de hospital, nos quais me esforcei para estar presente na vida dos outros dois filhos pequenos, com a alta médica do meu esposo, voltamos à vivência em família, que não foi fácil. Fizemos terapia familiar, mas ele ficou descontrolado, brigando muito com os filhos, sem paciência, bebendo muito, sem dar atenção à saúde; e eu minha vi sozinha com as crianças, estas também com mesmo vazio. Ele ainda saiu de casa, para não pagar pensão.

Meu filho mais novo, que na época tinha 12 anos, caiu doente, não quis fazer mais nada, parou de estudar e, como criança que era, acabou experimentando as drogas. O pai o internou em clínicas que o castigavam, batiam nele e o trancavam em solitária. Ele sofreu muito e nunca mais conseguiu conviver em família. Tentei algumas vezes, nas quais ele me agredia. Então, tomei o comando, o coloquei em uma clínica-chácara, onde se sente melhor e o visito de uma a duas vezes por ano. Também trago ele uma a duas vezes por ano para conviver um pouco com a gente e faço ligações de vídeo toda semana. Assim, eu sigo minha vida, tentando acertar, ser forte, ser mãe, ser chefe da família, dedicada a meus dois filhos. A fé sempre segue comigo, dando sentido à minha vida.

O que quero lhe dizer com tudo isso? Seja feliz, ame quem lhe ama, respeite as pessoas e prossiga. Deus sempre tem surpresas para nossa vida, novas lições de amor. Para mim, o vazio da busca continua; é duro e difícil ver tantos atropelos: não só perdi um filho, foi uma transmutação total na minha vida, perdi a família que estava construindo e na fé tive que recomeçar. Eu me lembro de uma frase que um amigo me disse no hospital: "Seja como uma fênix, saiba renascer das cinzas." Com o apoio de meus pais, segui nessa caminhada e digo que meu filho nasceu dentro de mim e voltou para dentro de mim — são 21 anos de saudade e, este ano, já com meus pais *in memoriam,* comemoro 100 anos de meu pai, verdadeiro exemplo de ser humano. Hoje, sigo apoiada em meus filhos. Não criamos filho para perder, não criamos filho para morrer.

Tudo dói. Por exemplo, saber, após a necropsia, que os dois, Gabriel e a namorada, estavam de estômago vazio, pois não tinham comido nada na noite do acidente. Meu irmão, quando chegou, encontrou a namorada de Gabriel sem vida no banheiro. Ela havia se escondido, mas não se salvou. A mãe dela estava na ilha e demorou a encontrá-la. Eu não sabia que ela tinha um filhinho de 4 anos e, diante do desespero da avó por não saber como cuidar dele, disse: "Não dê ele a ninguém, vou lhe ajudar", e os ajudo até hoje, então criamos laços.

Ah! Os pais americanos de Gabriel (ele morou nos Estados Unidos), quando souberam, vieram ao Brasil fazer uma visita ao túmulo dele e à família.

Meu silêncio sobre isso foi de 21 anos. Agora, dedico este texto a meus filhos, que são minha razão de viver. Juntos, superamos inúmeras dificuldades.

Meu filho mais novo, após a perda do irmão, foi diagnosticado com esquizofrenia e vive internado há 18 anos, mas se mantém estável e feliz.

Meu segundo filho se formou em Administração e trabalhou em empresas de transporte, mas hoje se realiza como corretor de imóveis, profissão que ama.

Meu filho mais velho, Gabriel, foi um jovem brilhante e amoroso. Teve uma vida curta, porém repleta de realizações. Aos 18 anos, já falava três línguas, viajou por várias partes do mundo, incluindo os Estados Unidos (de costa a costa), Europa, México e diversas cidades do Brasil. Ele morou na Califórnia, onde cursou o Ensino Médio, e sempre foi muito querido por todos. Até hoje, seus amigos permanecem próximos a mim, o que me traz muito conforto.

Ao longo desta jornada marcada pela dor e pela superação, aprendi que a vida é um eterno ciclo de renascimentos. Cada dificuldade enfrentada e cada perda vivida tiveram lições profundas que moldaram meu ser. A ausência de Gabriel deixou um vazio imenso, mas também me ensinou a valorizar intensamente os momentos que compartilho com meus outros filhos, que são a razão do meu viver e minha motivação para seguir em frente.

Precisei superar dores e provas, mas segui em pé, cuidando dos meus, apoiando e sendo apoiada em trabalhos voluntários e sociais que faço em asilos e prosperando profissionalmente. Como arquiteta de interiores, uso meu conhecimento para transformar não só os espaços, mas também a vida das pessoas, trazendo beleza e funcionalidade aos ambientes.

Como disse na apresentação, sou movida a desafios. A resiliência que desenvolvi me permitiu transformar a dor em força. Embora os desafios tenham sido imensos, continuo a acreditar que o amor transcende a perda. As memórias que guardo do meu filho são um lembrete constante da alegria e das conquistas que vivemos juntos, inspirando-me a ser uma mãe melhor a cada dia.

Hoje, minha missão é honrar sua memória e oferecer amor e apoio a meus filhos, que enfrentam suas próprias batalhas, e compartilhar minha história, para que outras famílias encontrem nela empatia e alento. A vida é feita de recomeços.

"A perda é um capítulo da nossa história, mas o amor que permanece é a essência que nos impulsiona a seguir em frente."

Marilda Silva

Priscila Lelis

Sou Priscila Lelis, uma mulher que acredita no poder da fé. Nascida em Perdões/MG, moro em São João del Rei/MG com meu marido, Norberto, e nosso filho, Heitor. Tenho o privilégio de guiar mulheres rumo à prosperidade e independência financeira. Acompanhei histórias de mulheres de todo o Brasil que ousaram mudar suas realidades.

Economista pela UFSJ, atuei por dez anos como gerente de relacionamentos e negócios no mercado financeiro, mas decidi transitar de carreira. Pós-graduada em Gestão de Pessoas, Carreiras e Lideranças pela PUC-RS, me especializei em planejamento financeiro, perfis comportamentais, consu

ltoria de imagem e visagismo. Eu me tornei palestrante, porque acredito que compartilhar conhecimento é libertar potenciais.

priscilalelis.consultoria

priscilalelis.consultoria@gmail.com

Elas fazem ACONTECER
Mulheres que inspiram e transformam

TRANSFORMANDO DESAFIOS EM PODER E INDEPENDÊNCIA

22

Por Priscila Lelis

Quem imaginaria que aquela menina de vestido vermelho e cachos ruivos, que distribuía simpatia no portão de sua casa, numa pequena cidade do interior de Minas Gerais, viveria uma jornada tão inspiradora? Filha de uma costureira de vestidos de noiva que a ensinou a ser forte e determinada, e de um caminhoneiro que lhe mostrou o valor da leveza e autenticidade. Ela e seu irmão mais novo cresceram ouvindo uma frase que ressoava como um mantra: "Estudem e sejam independentes".

Sua mãe, uma mulher potente, demonstrava com atitudes o verdadeiro amor, força e resiliência. Linda e sempre muito bem arrumada, sabia o valor da imagem e ensinou isso aos filhos. Fazia questão de lembrar que, como mulher, era essencial ter um trabalho e independência financeira. Com o apoio e os ensinamentos da mãe, aos 14 anos, Priscila começou a fazer bijuterias, vendendo na escola e de porta em porta. Sua coragem a levou ainda mais longe. Mudou-se de cidade para cursar Economia na Universidade Federal de São João del Rei.

Continuou vendendo acessórios na universidade, até que, ao perceber sua iniciativa, um gerente de banco a convidou para um processo seletivo de estágio. Foi ali que sua carreira bancária começou. Sempre bem arrumada, seguindo o exemplo da mãe, no banco aprendeu que não bastava ser uma boa profissional, era preciso também parecer ser. Sua imagem profissional, alinhada ao seu potencial, abriu portas. Ao se formar em Economia, ingressou em outra instituição financeira, onde, com muita dedicação, se destacou, conquistando prêmios e se tornando gerente de relacionamentos e negócios.

Após se formar e iniciar a carreira bancária, Priscila conheceu um rapaz de olhos verdes — os mais lindos que já havia visto. Ele morava no Rio de Janeiro, ela em Minas Gerais, mas a distância não é um obstáculo quando existe amor, respeito e compromisso. Três anos depois, estavam casados. Priscila viu naquele homem um parceiro de vida, alguém que a apoiava e vibrava com suas conquistas.

Nas histórias que nos contam, o casamento é o final feliz dos contos de fadas, seguido por um "felizes para sempre". Mas a vida real tem suas próprias reviravoltas. Apenas quinze dias após o casamento, uma notícia triste chegou: sua mãe foi diagnosticada com Esclerose Lateral Amiotrófica (ELA), uma doença degenerativa cruel. Priscila soube, naquele instante, que enfrentaria um desafio imenso. A ELA tiraria gradualmente da sua mãe a capacidade de mover-se, falar, engolir e até respirar, enquanto sua mente permaneceria lúcida. A expectativa de vida era de apenas três anos após o diagnóstico.

Não foi um conto de fadas, mas uma história de coragem, amor e resiliência. Priscila entendeu que, embora não pudesse mudar o que estava acontecendo, poderia decidir como lidar com a situação. Escolheu enfrentar tudo com a mesma força que sua mãe sempre lhe ensinou: a ser independente, não só financeiramente, mas emocionalmente, diante dos desafios da vida.

Ao se deparar pela primeira vez com a finitude da vida, Priscila sentiu o chão desaparecer sob seus pés, e tudo ganhou uma nova perspectiva. Sua mãe, que sempre fora seu porto seguro, agora precisava dela. A vida seguiu um novo curso. A família montou uma UTI domiciliar em Perdões, onde sua mãe morava, enquanto Priscila continuava em São João del Rei, dividindo-se entre o trabalho e o casamento com Norberto, seu "gatinho", que a apoiava. Mesmo acamada, sua mãe não abria mão de sua força e vaidade. Aos sábados, adorava se maquiar, e Priscila a ajudava nesse pequeno ritual. Elas se comunicavam por plaquinhas, já que sua mãe não podia mais falar ou se movimentar. Em uma dessas conversas, sua mãe piscou, pedindo à Priscila que colocasse cílios postiços nela.

Foi então que sua terapeuta falou sobre o poder da autoimagem — uma expressão profunda da identidade, capaz de conectar uma mulher à sua essência, mesmo em momentos de vulnerabilidade. Priscila percebeu que a imagem pessoal transcendia a esfera profissional. Esse *insight* a tocou, plantando a semente para uma nova fase de sua carreira.

Mesmo em meio a tantas provações, Priscila e Norberto cresceram juntos. Eles construíram uma casa e seguiram com seus projetos. Durante esse período, ao lidar com clientes no banco e observar quantas pessoas se endividavam para cuidar de familiares, Priscila ganhou clareza sobre como a saúde financeira impacta a qualidade de vida. Esse foi outro *insight* que moldaria sua trajetória: a saúde financeira é o alicerce da liberdade, enquanto a falta dela aprisiona, impedindo as pessoas de viverem plenamente o que realmente importa. A estabilidade financeira permitiu a Priscila vivenciar momentos preciosos com sua mãe até seu falecimento, três anos após o diagnóstico.

No banco, apesar de bater metas e ganhar prêmios, Priscila começou a sentir que não estava no lugar certo. Seu gestor, um certo dia, disse que ela dava atenção demais às pessoas. Pedir à Priscila que não fizesse isso era pedir que deixasse de ser ela mesma. Esse desconforto foi o ponto de partida para altos níveis de estresse, ansiedade e pânico. Ela acreditava que o trabalho poderia ser diferente, mais humanizado, onde as pessoas pudessem cuidar de suas finanças de forma mais leve.

Apenas um mês após o falecimento de sua mãe, Priscila se matriculou em uma pós-graduação em Gestão de Pessoas, Carreiras e Lideranças. "Se quero ajudar as pessoas, preciso entender melhor como elas funcionam", refletiu. Enquanto planejava sua transição de carreira, veio uma notícia que trouxe alegria: ela estava grávida. No entanto, com a gravidez, também surgiu uma nova reflexão: "Não quero que meu bebê viva o estresse que eu estou vivendo, nem mesmo enquanto está na minha barriga." E assim, decidiu que pediria demissão.

Antes que isso pudesse acontecer, Priscila sofreu um aborto. Ao informar seu gestor sobre a necessidade de tirar 14 dias de licença para se recuperar, a resposta foi chocante: "Nossa, mas uma mulher precisa de tanto tempo para se recuperar de um aborto?". Ela mal podia acreditar no que ouvia. Aquela perda a lançou no fundo do poço. Foi nesse momento de escuridão que ela revisitou sua história, resgatou suas forças e reuniu os pedaços de si mesma. Ali, ela tomou uma decisão definitiva: "Não vou mais me permitir estar em um lugar onde não posso ser quem eu sou."

Então a verdade mais profunda se revelou para ela: a maior liberdade que podemos conquistar é a liberdade de sermos nós mesmas. Com essa clareza, ela decidiu criar um negócio que não só lhe permitisse viver essa liberdade, mas também ajudasse outras mulheres a descobrirem o mesmo. Com o apoio de Norberto, seu marido, Priscila pediu demissão e seguiu para São Paulo, onde se especializou em planejamento financeiro. Seu trabalho de conclusão de curso foi dedicado às finanças femininas. Também se especializou em visagismo, consultoria de imagem e análise de perfis comportamentais.

Página virada, Priscila assumiu o papel de guia e aliada de mulheres em busca de prosperidade e independência financeira. Ajudou-as a se organizarem financeiramente para alcançar seus objetivos e a trabalharem sua imagem profissional, aumentando sua confiança, demonstrando autoridade e abrindo portas para novas oportunidades.

Em 2020, foi convidada para palestrar no Uniptan, Grupo Afya, no Dia Internacional da Mulher. Outros convites vieram, 8M de 2022 no teatro municipal, e não parou por aí; foi convidada para dar cursos de educação financeira na UFSJ, palestrar sobre gestão de imagem para evolução de carreira nos cursos de Medicina, Direito, Administração, no Congresso Regional de Fisioterapia, no Uniptan. Mesmo durante a pandemia, seu trabalho se expandiu e, com indicação de suas clientes, ela passou a atender mulheres de várias partes do Brasil.

Priscila ajudou mulheres a evoluírem na carreira, a se casarem, se divorciarem e a redescobrirem novas versões de si mesmas. Uma cliente, com mais de 800 mil reais em dívidas, tornou-se investidora em seis meses. Outra, que desejava deixar o cargo público e se mudar para outro país, realizou esse sonho. Mulheres que não conseguiam se olhar no espelho passaram a se admirar, e aquelas que haviam perdido a fé em si mesmas transformaram suas realidades.

Eu, Priscila Lelis, transformei minha vida, tornei-me escritora, e hoje estou aqui compartilhando minha jornada. Aprendi que o que define uma pessoa não é o que acontece com ela, mas como ela responde a isso. Saí de um ambiente que me adoecia, construí um negócio autoral, coerente com minha essência e trajetória, focado em apoiar genuinamente outras mulheres com linguagem adaptada à realidade feminina, projetado para ajudá-las a prosperar financeiramente.

Nesse cenário de realizações, um sonho se realiza: a chegada do Heitor, meu filho. Com o nascimento dele, eu aprendi o valor do autocuidado, do respeito aos próprios limites e da importância de uma rede de apoio. Acredito que renasci como mulher, estou crescendo e aprendendo com meu filho a ser um ser humano melhor.

Ao olhar para trás, eu vejo que por ter fé e apoio, tive coragem de construir minha prosperidade e independência financeira, mas não me conformei em viver isso sozinha. Acredito que todas as mulheres merecem o mesmo. Como disse Audre Lorde: "Eu não sou livre enquanto alguma mulher não for, mesmo que as correntes dela forem muito diferentes das minhas"[1]. Por isso, minha missão de vida é apoiar outras mulheres a prosperarem e conquistarem sua independência financeira. Acredito que sozinhas sonhamos, mas juntas prosperamos.

Eu me orgulho da mulher que estou me tornando, pois como disse Simone de Beauvoir: "Não se nasce mulher, torna-se"[2]. Você também pode se orgulhar. Lembre-se: Você não precisa caminhar sozinha, aqui tem uma aliada na sua busca por prosperidade e independência financeira. Eu conheço o caminho, sou guia de mulheres incríveis. Com fé e apoio, você pode ser a próxima a transformar sua realidade. Basta dar o primeiro passo e estender a mão. Eu estarei com você na sua jornada de transformação.

---

1 LORDE, A. *Irmã outsider*: ensaios e conferências. São Paulo: Autêntica, 2019.

2 BEAUVOIR, S. *O segundo sexo*. Rio de Janeiro: Nova Fronteira, 2008.

"A maior liberdade que podemos conquistar é a liberdade de sermos nós mesmas."

Priscila Lelis

Roberta Kelly Silva

Muito prazer! Meu nome é Roberta Kelly Gonçalves Silva.

Tenho 34 anos e sou mãe de duas crianças, Bruna Valentina e Enzo Henrique, que são meus maiores tesouros. Sou mãe solo, pois infelizmente perdi meu marido há 2 anos e 6 meses. A perda do Bruno foi uma grande batalha; não conseguia acreditar que, após doze anos juntos, havia perdido o melhor pai do mundo, meu amor, meu parceiro. Enfrentamos muitas lutas e conquistamos nossos sonhos lado a lado.

Já passei por diversas dificuldades e falências, mas hoje, graças a Deus, sou uma empresária e empreendedora de sucesso. Com muita determinação, consegui me reerguer.

Meu desejo é que cada mulher que ler estas palavras se sinta encorajada e empoderada a buscar seus sonhos, não importando os desafios que possam surgir.

robertakgs

+55 (66) 99972-8414

MULHERES FORTES PROSPERAM E TRANSFORMAM SUAS GERAÇÕES

23

Por Roberta Kelly Silva

Sejam todos muito bem-vindos!

Hoje começamos uma linda e maravilhosa jornada, cheia de desafios e superações. Sou de Goiânia/GO, filha de funcionária pública, e desde cedo ajudei meu pai na feira, vendendo água e refrigerante. Essa experiência me ensinou o valor do trabalho duro e da perseverança. Cada desafio que enfrentei me fortaleceu e contribuiu para meu crescimento pessoal.

Estou aqui para compartilhar minha trajetória com vocês e demonstrar que, apesar das dificuldades, é possível realizar nossos sonhos. Vamos juntos explorar histórias de superação, momentos alegres e aprendizados valiosos. Acredito que, com determinação e apoio mútuo, podemos conquistar qualquer objetivo. Preparem-se para uma aventura inspiradora, repleta de emoções e descobertas. Que nossa jornada seja iluminada por sorrisos, conquistas e, acima de tudo, pela união e solidariedade. Sejam todos bem-vindos à minha história de vida.

Desde cedo, enfrentei desafios que moldaram quem sou e me ensinaram lições valiosas. Cada obstáculo superado foi um passo a mais na escada da minha perseverança. Lembro-me da minha infância, cheia de sonhos e aspirações, mas também de dúvidas e medos. Com o apoio incondicional da minha família, consegui transformar essas incertezas em força e determinação.

Ao longo dos anos, percebi que a verdadeira vitória não está apenas nos sucessos pessoais, mas também na capacidade de inspirar e ajudar o próximo. Em cada momento difícil, encontrei motivos para continuar, o que me permitiu trilhar um caminho de crescimento e aprendizado.

A educação foi um pilar essencial na minha trajetória. Estudar com dedicação, enfrentar noites em claro e sempre buscar mais conhecimento abriram portas e me proporcionaram oportunidades surpreendentes. Mas não foram apenas os livros que me ensinaram; a vida, com suas surpresas e reviravoltas, me mostrou que a resiliência e a empatia são virtudes indispensáveis.

Agora, ao compartilhar minha história, espero que ela inspire aqueles que enfrentam momentos de incerteza. Que cada um encontre a coragem dentro de si para seguir em frente, mesmo quando o caminho parecer desafiador. Afinal, todos nós somos capazes de escrever nossas próprias histórias de superação e iluminar o mundo ao nosso redor com nossa luz única. Sejam bem-vindos a este relato, onde cada capítulo é uma prova de que todos somos fortes.

Aos 11 anos, comecei a trabalhar na feira com meu pai, que era vendedor ambulante. Nós vendíamos água e refrigerantes nas feiras de Goiânia e nas festas da cidade. Com o passar dos anos, comecei a trabalhar para um amigo do meu pai, vendendo roupas na feira da Lua e na feira do Sol. Trabalhei com ele por três anos. Com 14 anos, eu cuidava da loja dele, trabalhava durante o dia e estudava à noite. Já sonhava em ser uma pessoa de sucesso, mas com o sonho de ser empreendedora, nunca desisti. Aos 17 anos, conheci meu marido, que tinha 18, e sempre tivemos a paixão de conquistar nosso espaço na vida. Trabalhamos juntos em feiras vendendo roupas. Sabe, meu patrão, de quem eu cuidava da loja, nos ajudou a criar nossas primeiras peças.

Fui morar na casa da minha sogra e me casei com Bruno, o amor da minha vida. Não foi fácil, mas lá estávamos nós. De repente, engravidei. Meu Deus, e agora, estamos começando a vida com uma criança! Tantas emoções misturadas, medo e felicidade. Bruno ficou radiante com a notícia, seus olhos brilhavam com uma mistura de surpresa e alegria. Minha sogra, sempre tão carinhosa e acolhedora, nos deu todo o apoio que precisávamos. Começamos a preparar o quarto do bebê, escolhendo cada detalhe com amor e cuidado. Os meses passaram rapidamente, e cada ultrassom era uma nova aventura, uma nova descoberta. Sentir as primeiras mexidas do nosso bebê foi um momento mágico, um lembrete constante do milagre que estava crescendo dentro de mim.

Apesar dos desafios e das incertezas, a presença de Bruno ao meu lado me dava força e confiança. Juntos, sonhávamos com o futuro e fazíamos planos para a nova vida que estava prestes a começar.

A chegada do nosso filho, Enzo Henrique, trouxe uma alegria imensurável. Cada sorriso e cada pequeno gesto preenchiam nossos corações com amor e gratidão. Nossa jornada estava apenas começando, e estávamos cientes de que, apesar dos desafios, estávamos prontos para encarar tudo juntos, como uma família unida e repleta de amor.

Com a chegada do nosso filho, tivemos que nos mudar da casa da minha sogra. O Bruno começou a vender peças de carro e passava 25 dias viajando, enquanto eu e meu filhinho ficávamos em casa. Meu marido trabalhava muito, mas começamos a nos endividar. A única alternativa que nos restou foi deixar Goiânia, pois meu esposo estava recebendo ameaças de morte. Assim, nos mudamos para o Mato Grosso, onde nossa vida começou a se reorganizar. Depois de um ano de trabalho, meu marido retornou a Goiânia e conseguiu quitar todas as dívidas. Mais de 180 mil reais, em 2015!

Em Sinop, trabalhei como sacoleira e, a partir disso, consegui montar minha própria loja, uma boutique perfeita. Não obtive sucesso e enfrentei a falência mais uma vez. Então, em 2017, nasceu minha princesa Bruna Valentina. No ano em que nossa filha nasceu, Bruno decidiu abrir uma loja de peças automotivas e foi um grande sucesso. A segunda maior loja da cidade, conseguimos alcançar nosso quinto milhão em 32 anos. Estávamos com tudo bem estruturado, com dinheiro na conta e financeiramente estáveis. Até que o dia mais temido chegou: sábado, 7 de maio de 2022, às 14h38. Recebi a notícia devastadora de que meu marido, meu amor, sofreu um acidente e não sobreviveu.

Eu não conseguia acreditar que o Bruno se foi, meu amor, minha vida. Estava sozinha com meus filhos na cidade, sem parentes por perto, sem ninguém ao meu lado. "Como assim, meu amor? Você nos deixou. Estamos construindo nossa casa, realizando nossos sonhos.". Sim, infelizmente ele me deixou e fiquei sozinha, sem acreditar que aquilo estava acontecendo comigo. Senti um ódio profundo do Bruno, pois sempre pedi a ele que não andasse de moto. Ele amava a velocidade e eu dizia: "Por favor, tenha cuidado.". Mas ele respondia que se morresse correndo de moto, morreria feliz. Essa atitude me deixou muito irritada. Não queria saber da empresa dele; passei 15 dias sem conseguir dormir e emagreci 15 quilos. Queria esquecer o Bruno e a dor de saber que ele não pensou em mim e nos nossos filhos.

Eu comecei a sair para não lembrar do Bruno. Deixava as crianças com as babás e ia a festas, gastando 20 mil por noite. Queria escapar de tudo que estava vivenciando. Acreditava que estava fazendo a escolha certa e que meu dinheiro nunca acabaria, pois me via como rica. Com o tempo, percebi que essa não era a solução para meus problemas. As festas e os gastos excessivos apenas encobriam a dor e a confusão que sentia. As crianças também começaram a perceber minha falta e a instabilidade em casa.

Quando percebi, minha empresa estava à beira da falência e meus funcionários estavam me enganando. Mais uma vez, eu estava prestes a perder tudo, mas agora sozinha com meus filhos. Após muita luta, consegui finalizar a construção da minha casa, que sempre foi meu sonho e estava avaliada em 3 milhões de reais. Enfrentando uma situação financeira complicada, decidi pegar um empréstimo para saldar minhas dívidas, mas isso só agravou a situação, pois os juros eram altíssimos. Novamente, encontrei-me em uma situação difícil, endividada com Deus e com todos, lidando com uma empresa falida e sem saber como prosseguir. Cheguei ao meu limite e precisei vender o negócio do meu marido, o que não era o que eu realmente queria. Em meio a toda essa turbulência, tomei a decisão de abrir um bar. Passei três meses buscando um local ideal para iniciar meu comércio, pois desejava um bar que também oferecesse comida.

Eu pedi intensamente a Deus por orientação, ansiando por uma luz que me guiasse. Durante essa busca, surgiu a oportunidade de adquirir uma choperia em uma cidade pequena. Isso significava que eu teria que deixar minha casa confortável e o sonho que construí, mudando para um lugar completamente diferente da minha realidade. Eu, uma mulher que levava uma vida que parecia luxuosa, teria que me adaptar a uma casa menor, mas a empresa prometia muitas conquistas.

Assim, decidi investir e adquiri o Bar Colina por 1 milhão e 500 mil reais. Mudei-me para Guarantã do Norte e, em apenas seis meses de funcionamento, alcancei um faturamento de 1 milhão e 600 mil reais. Eu sou mentora em educação financeira e desfruto de uma vida confortável. Assim como eu estava, muitas pessoas não sabem como se livrar das dívidas.

Hoje, com foco e determinação, trabalho arduamente para alcançar meus objetivos. Faço o possível e o impossível pelos meus filhos, que são meu bem mais precioso neste mundo. Diante da ausência do pai deles, sinto a necessidade de ser tanto mãe quanto pai para os meus amores. Não é fácil, mas cada sorriso deles me dá forças para continuar. A cada dificuldade, encontro uma nova razão para lutar e vencer. Acredito que, com amor e dedicação, posso proporcionar a eles um futuro brilhante e cheio de oportunidades.

E aqui está um resumo da minha história de superação, das minhas conquistas e das minhas dores. Poderia passar horas escrevendo para vocês, pois já enfrentei muitas dificuldades, como ficar sem comida e sem dinheiro. Mas isso é apenas o início de uma nova jornada na minha vida. Agradeço muito a todos que dedicaram um momento para ler a minha história. Cada batalha me ensinou a valorizar as pequenas vitórias e a nunca desistir, mesmo quando tudo parecia perdido. As forças que encontrei dentro de mim foram fundamentais para superar os momentos mais sombrios.

Hoje, olho para trás com orgulho e gratidão, sabendo que cada desafio enfrentado me tornou mais forte e resiliente. Continuo trilhando meu caminho, com a certeza de que o futuro reserva ainda mais conquistas e que cada dia é uma nova oportunidade para crescer e evoluir.

Obrigada! Até a próxima.

"Mulheres determinadas nunca abandonam a busca por seus sonhos; elas enfrentam os desafios com coragem. Cada conquista é uma vitória."

Roberta Kelly Silva

Sarah Morais

Sou Sarah Morais, natural de São Paulo/SP. Filha de José e Selma, mãe de três lindos filhos: Rebeca, Rafael e Gabriela. Mentora de carreira e desenvolvimento pessoal, formada em Administração e MBA em Gestão de Negócios, especialista em Autoestima e Confiança.

Tenho bons 22 anos de experiência no mundo bancário, no qual ainda me encontro, mas foi após árduos processos que passei na vida que ajudar outras mulheres se tornou um propósito de vida. Somando as minhas experiências, consegui unir meus conhecimentos com um método para atender mulheres que precisam de suporte e direcionamento, despertando nelas o seu melhor para superar obstáculos tanto na vida pessoal quanto na vida profissional.

sarahmoraisol

Elas fazem ACONTECER
Mulheres que inspiram e transformam

DEPENDÊNCIA EMOCIONAL E AUTOESTIMA

24

Por Sarah Morais

Eu me dei conta de que era dependente emocional após um divórcio, quando durante e depois deste divórcio procurei terapia e comecei a dar passos para meu fortalecimento emocional. No entanto, esta era uma conclusão própria, ou seja, nenhum terapeuta me disse que eu era ou poderia ser dependente emocional. Talvez por ser um grau leve ou moderado, esta dependência não transparecia durante as sessões. Então, quando acreditei que já estava curada deste mal, quando estava bem emocionalmente, bem com o que eu pensava ser autoestima, sofri um golpe muito pesado em um relacionamento que tive depois deste divórcio, no qual eu, de fato, assumi em silêncio que seria uma dependente emocional. Afinal, não era possível estar passando tudo aquilo. Sofri muito, me fiz muitas perguntas e busquei mais ainda o autoconhecimento, através de mentorias, livros e muito relacionamento com Deus.

Mas o que é de fato a dependência emocional, ou seja, qual é o seu conceito? Ela é um estado em que uma pessoa se sente excessivamente dependente de outra para ser feliz, para se sentir bem emocionalmente, para tomar decisões sobre sua própria vida. Ela gera na pessoa uma necessidade de aprovação exagerada, como se ela não pudesse fazer algo e ser aprovada por si mesma, ou seja, sempre esperando aprovação do outro.

Geralmente, os dependentes emocionais sofrem com medo da solidão, o que pode levar a pessoa a aceitar situações de submissão desrespeitosas com ela mesma. Ela também pode se sentir perdida, ou seja, ter sua identidade distorcida, baseando suas escolhas a partir da perspectiva do outro. Como citei, a dependência pode ter diferentes graus, desde o mais leve ao mais intenso.

Além disso, uma pessoa pode ser independente em algumas áreas da vida, mas ser dependente em outras. O que acredito que era meu caso. Eu era uma pessoa independente profissionalmente, familiarmente, socialmente, mas na área sentimental, em relacionamentos, me tornava quem eu não queria. Eu me moldava ao outro e, por vezes, esperava sempre do outro aquilo que eu mesma poderia me dar, ou seja, acolhimento, amor, valor e reconhecimento.

Como sou uma pessoa que gosta de buscar conhecimento, ao longo dos anos, também investi em mentorias que me fizeram ter mais clareza e dar respostas a algumas perguntas que eu mesma me fazia. Foi através de mentorias que trouxe à minha consciência a minha verdadeira identidade (mesmo tendo crescido em um lar cristão e frequentado anos e anos de igreja até os 42 anos, nunca o tema "identidade" havia vindo à tona tão fortemente). Foi através de mentorias e leituras que pude ressignificar algumas crenças que só me aprisionavam. Foi através de reflexão que comecei a conectar os valores que acredito. E assim, fui caminhando passo a passo rumo ao que me tornei hoje, mas eu quero mais e estou disposta a passar por cada processo de desenvolvimento, afinal, o autodesenvolvimento e o autoconhecimento são jornadas que sempre estaremos aptos a vivenciar.

Como cresci em um ambiente disfuncional emocionalmente, devido ao problema de esquizofrenia da minha mãe, entendo que a questão da dependência, no meu caso, nasceu de uma falta. A minha mãe desenvolveu esquizofrenia após um ano do nascimento do meu irmão caçula. Ela teve quatro filhos, sendo eu a segunda filha; após dois anos do nascimento da minha irmã mais velha, depois de um ano do meu nascimento, veio um irmão, e depois de dois anos de seu nascimento, veio o caçula. Bom, deu para notar que nascemos em "escadinha", como dizem popularmente. Quando digo que a dependência emocional em mim nasceu de uma falta, eu não consigo precisar qual exatamente foi esta falta, mas hoje sendo mãe de três e praticamente criando-os sozinha, eu compreendo que a carga da minha mãe não era fácil, ainda que ela não trabalhasse fora. Eu não culpo meus pais, mas agradeço a eles, pois entendo que cada um deu aquilo que tinha e deram o melhor que puderam.

É importante frisar que independentemente do que tenha causado esta dependência emocional na minha vida, eu compreendi que a responsabilidade de me libertar dela seria totalmente minha. Ou seja, não poderia sentar-me na cadeira do vitimismo e ficar vendo a vida passar, sem fazer algo por mim.

A dependência emocional pode trazer muitos problemas na vida, e, de um modo geral, eu entendo que ela vira uma idolatria na vida de uma pessoa, quando substituímos o amor, a segurança, a validação que Jesus nos garante por amor, segurança e validação de homens (pais, amigos, chefe, cônjuge ou filhos, por exemplo). Não que seja errado você receber isso das pessoas que você convive, mas o mal está em depender disso. Então, eu entendo que a única dependência que vale a pena viver é a dependência de Deus.

Além disso, entendo que Deus nos criou e nos deu domínio sobre todas as coisas. Logo, viver uma vida passiva, só vendo as coisas acontecerem, com medo de tomar decisões, vivendo sob perspectiva dos outros, sem posicionamento, nos leva a ter uma vida frustrada, sem sentido, e nada disso agrada a Deus.

Após estudo, dedicação e a minha formação como especialista em Autoestima e Confiança, consegui encaixar as peças do quebra-cabeças e compreendi que de fato a dependência emocional deriva de uma baixa autoestima. Ao contrário do que muitas pessoas pensam, a autoestima não é definida apenas por sentir-se bem com você, ou gostar do que vê no espelho. Ela vai além. Ela vai mais profundo e é atrelada à confiança que temos em nós mesmos, nas nossas habilidades, na capacidade que temos em nos dar valor, capacidade de valorizar e confiar nas nossas próprias ideias.

De forma muito prática, uma autoestima saudável pode ajudar a enfrentar os desafios da vida de forma mais resiliente, eleva o nível dos nossos relacionamentos, ajuda a colocar limites quando necessário e nos torna livres em nossas ações, livres para tomar decisões assertivas com confiança, livres para sermos definitivamente protagonistas de nossas histórias, agindo e interagindo em vez de ficar sentada vendo a vida passar como se estivéssemos em um cinema.

A autoestima é uma construção que é edificada através de um conjunto de ações e ela pode ser aprimorada ao longo de nossas vidas. E o caminho para iniciar esta construção é termos uma mente consciente e aceitarmos nossas qualidades e defeitos. É a partir da nossa aceitação que podemos mudar o que acreditamos que precisa ser mudado.

Há alguns anos, se me perguntassem "Onde você gostaria de estar daqui cinco anos?", eu não saberia responder, pois um dependente emocional se escora nos outros, vive querendo ser apoiado e depende da perspectiva de vida de outro(s) até para fazer planos. Mas hoje, depois de tantos processos e aprendizados, como citei no início, eu não só me vejo daqui a cinco anos, mas ensino mulheres a conseguir fazer o mesmo, a superar seus medos, suas necessidades de aprovação, e a resgatar seu amor-próprio, através do fortalecimento e construção de sua autoestima. Aprendi arduamente o que parece óbvio, mas é através das escolhas do hoje que o amanhã é desenhado.

Para as mulheres casadas, é importante fazer planos e ter metas definidas com o cônjuge, mas faça também planos e tenha objetivos individuais. Isto é saudável para você e para todos que lhe cercam. E não pense que estes objetivos devem ser absurdamente grandes, você pode ser alguém, por exemplo, que por muito tempo se promete entrar na academia, com objetivo de ter uma vida mais saudável, e nunca entra, sempre posterga. E sabe o que você faz quando se promete algo e não cumpre? Você perde a credibilidade com você mesma, e sendo mais profunda, seu consciente saberá que você está traindo a si mesma. Ou seja, quando você não faz o que precisa ser feito, você se engana e acaba se sentindo péssima com isto, em vez de mudar a rota acaba caindo no mesmo lugar, postergando mais e mais. A falta de credibilidade é um fator que prejudica sua autoestima.

Talvez você não seja uma pessoa que se trai, mas também não faz planos, não promete nada nem a si mesma nem a ninguém, com receio de não conseguir cumprir. Talvez você seja alguém que não acredita em você mesma, alguém que está apática diante de sua própria vida, ou uma pessoa extremamente ciumenta, ou ainda uma "supermulher", que resolve tudo para todo mundo, mas não tem tempo para si própria. Todas estas questões estão ligadas a uma autoestima que pode ser aprimorada. E para iniciar este processo de transformação, a sua consciência será sua maior aliada. Ela será como uma lanterna a iluminar seus pensamentos, emoções e comportamentos, sem julgamento. Será através dela que você vai conseguir identificar padrões negativos, por exemplo, vai lhe ajudar a manter o foco no presente, valorizar suas conquistas, se perdoar, reconhecer e potencializar suas qualidades.

Você deve ser a pessoa mais interessada em sua transformação, pois mesmo que você estude, mesmo que você tenha mentores, suas atitudes, ou seja, a prática daquilo que você aprender é que vai ditar seus resultados.

É incrível como a vida, naturalmente, vai colocando à nossa frente oportunidades de colocarmos em prática o conhecimento que adquirimos. Ou seja, se você é dependente emocional, a vida vai colocar você em cenários que vão lhe provar, e é aí que você vai testar seus conhecimentos e aprendizados. Se você tem necessidade de aprovação alheia, da mesma maneira a vida vai lhe trazer oportunidades, situações para você tomar decisões importantes sem se preocupar com a opinião dos outros, e é neste ponto que você saberá que está livre de fato.

Seja qual for a situação que lhe desafia hoje, com conhecimento você chegará no lugar que deseja. É enfrentando cada desafio, aproveitando cada oportunidade que a vida nos proporciona, que conseguimos ser transformados. Vá além! E conte comigo para sua superação.

"A vida sempre nos dá
oportunidades para
crescermos nas áreas em
que mais precisamos."

Sarah Morais

Shirley Ribeiro

Sou Shirley Patrícia Ribeiro da Silva, 44 anos, natural de Campo Formoso/BA. Filha de Aurino e Célia, sou cristã, casada com Marcos há 26 anos e mãe de três filhos: Marcos Eduardo, Heloíse e Bruno.

Sou servidora pública há 26 anos, professora, terapeuta, palestrante, graduada em Letras/Inglês e pós-graduada em Educação Infantil, em Gestão Escolar e em Coordenação Pedagógica com ênfase na BNCC.

A dor me fez buscar o autoconhecimento através da psicanálise, em 2021. E a partir daí, não parei mais de ir em busca da minha melhor versão para poder servir ao outro na sua evolução da cura emocional. Tenho como propósito de vida levar as pessoas a se conhecerem de dentro para fora.

shirleypatriciads

patriciashirley1097@gmail.com

Elas fazem ACONTECER
Mulheres que inspiram e transformam

ESCOLHI RESSIGNIFICAR

25

Por Shirley Ribeiro

Eu sou a segunda filha de uma família de três irmãos. A minha criança, por inúmeros motivos, não foi vista. Minha mãe professora, que trabalhava por 40 horas semanais, precisava cumprir a sua jornada de trabalho, me deixando aos cuidados de uma cuidadora; e meu pai saía pela manhã e só retornava à noite, como a maioria dos provedores da família. Meu ambiente familiar nem sempre foi emocionalmente saudável, a minha criança presenciou coisas as quais não deveria e passou, também, por situações traumáticas.

Devido a essas situações, tive muitos conflitos emocionais ao longo da minha infância e adolescência. Um deles era de não conseguir manter um relacionamento duradouro, logo perdia o encanto pelo rapaz que eu namorava. Sabe por que isso acontecia? Porque inconscientemente eu buscava a presença de meu pai em meus relacionamentos. Foi quando, aos 18 anos, encontrei um policial militar, hoje meu esposo, pelo qual me apaixonei perdidamente, ou seja, em meu inconsciente, eu havia encontrado meu pai, aquele que iria me proteger. Entende como o inconsciente faz?

Até eu entender isso, passaram-se 22 anos de casamento, vivi muitas situações que por falta de conhecimento poderiam ser evitadas, mas tudo bem, é a falta de conhecimento que leva o homem a errar, mas hoje olho para cada situação vivida com muita leveza e sem nenhum sentimento de culpa. E onde existe o erro, também existe o acerto.

Essa ausência de pai causada na infância me acompanhou até a minha vida adulta. Não conseguia ter uma boa relação de afetividade com meu pai. Não recordo de nenhuma memória afetiva, nem na infância, nem na adolescência: apenas registros de promessas não cumpridas e uma lembrança de meu aniversário de 16 anos em que ele me repreendeu com palavras severas porque algumas amigas haviam ido me parabenizar e ele não sabia que naquele dia era meu aniversário. Hoje olho para essas cicatrizes, mas elas não me causam mais dor. Foram saradas. Nunca ouvi uma palavra de carinho, afirmação ou coisa semelhante, mas sempre o respeitei como pai, honrando os princípios bíblicos e valores, pois venho de uma família materna de berço cristão e que sempre priorizou esses ensinamentos. Como toda história tem início, meio e fim, vocês conhecerão por que **escolhi ressignificar**.

Em fevereiro de 2020, aos 67 anos, meu pai foi diagnosticado com câncer de pulmão com metástase no cérebro. Como já estava separado de minha mãe há mais de dez anos, minha irmã mais velha morando em Belo Horizonte e meu irmão caçula trabalhando em uma empresa em outra cidade, eu fui a filha que fiquei com a incumbência maior de acompanhá-lo no processo de seu tratamento. Deus já tinha alguns propósitos para tudo isso e eis aqui um deles: fazer com que a minha história ficasse conhecida e, porventura, apoiar outras pessoas também a ressignificarem seus conflitos emocionais com a paternidade, como eu fiz, além de me aproximar mais dEle e me fazer confiar que Ele age nos mínimos detalhes. Então, vamos continuar...

Nas nossas idas e vindas a Salvador, que era onde ele fazia o seu tratamento, e, por providência divina, nesta viagem o meu irmão Charles estava também, a minha tia Belanísia (*in memoriam*), irmã mais velha de meu pai, nos fez conhecer um pouco da história de vida dele e por conseguinte, em outra oportunidade, a minha tia Rosa me apresentou o restante, pois precisei fazer a sua biografia para ser lida na Câmara de Vereadores, onde ele foi homenageado por um projeto de lei que deu o seu nome a uma das ruas do Distrito de Poços. E agora apresento a história de meu pai, Aurino Ribeiro, a você, caro leitor, para que possa compreender melhor este capítulo.

Quando meu pai tinha 2 anos, sendo o caçula de sete irmãos, meus avós paternos se separaram, e como meu avô tinha um grande poder aquisitivo na época, a minha avó não teve o direito de ficar com os filhos mais novos, apenas com os adolescentes. Nesse contexto, meu pai foi criado por uma madrasta que não era nada boa, chegava até a esconder comida dos seus enteados. Meu avô era comerciante e vivia mudando de lugar constantemente, impossibilitado de ter um endereço fixo. Com isso, meu pai nunca teve uma referência de família, nunca soube o que é ter um lar, amor, carinho, acolhimento, cuidado... coisas básicas que uma criança necessita. Foi nesse ambiente que ele cresceu.

A partir do momento em que conheci a sua história, tive a grande virada de chave. Começou um processo de autocura dentro de mim em relação à paternidade. E a pergunta que sempre ecoava em minha mente era: "Como eu iria receber do meu pai aquilo que ele nunca teve?". Só damos o que recebemos. Como dar R$ 500,00 se na conta bancária só tem R$ 100,00, não é verdade? Quando isso ficou claro dentro de mim, a partir dessa compreensão, o meu olhar para meu pai mudou. Eu me desfiz dos julgamentos, acusações, preconceitos e de tudo aquilo que dificultava termos uma boa relação como pai e filha.

Fui desconstruindo as barreiras emocionais. Sempre desejei amá-lo, mas ele nunca dava esse espaço, pois era duro e seco em sua personalidade. Mas algo surpreendente aconteceu para que aquele amor que estava há tantos anos guardando pudesse ser dado e que me marcou profundamente durante a sua enfermidade até a sua partida.

Foi no seu penúltimo internamento no Hospital São Francisco, na cidade a qual resido, Campo Formoso/BA. Eu já conhecia uma parte da sua história e estava no meu processo de autocura da dependência emocional que nutria por ele. Uma das plantonistas do dia, Dra. Dailma, entrou no apartamento onde ele se encontrava internado e com muito carinho dirigiu-se ao meu pai e começou a acariciar o seu rosto e cabelo. Depois desses gestos, me fez as seguintes perguntas: "Quantos filhos ele tem? Quantos estão cuidando dele?". E prosseguiu com as seguintes palavras depois que a respondi: "Vocês são filhos privilegiados, pois estão tendo a oportunidade de todos os dias estarem se despedindo do pai de vocês, enquanto muitos filhos não a têm, pois perdem seus pais de forma repentina, seja um infarto fulminante, um acidente, entre outras coisas, mas vocês, não. Por isso, ame-o intensamente todos os dias enquanto ele tiver vida.".

Fez os seus procedimentos médicos e se despediu. Quando ela saiu daquele quarto de apartamento, eu, com a minha fé, compreendi que Deus enviou um anjo em forma de médica para completar a minha cura interior. Encostei no leito de meu pai e naquela noite não falei menos de cinquenta "**eu te amo**" para ele e da gratidão que estava em meu coração por tudo que ele me proporcionou, do jeito dele, ao longo da minha vida, porque era o que ele tinha para me oferecer. E, aos 41 anos, na época, vi meu pai chorar pela primeira vez (a emoção também me toma nesta hora). E de lá até o seu falecimento, que ocorreu no dia 20 de outubro de 2021, diariamente repetia a frase para ele: "Painho, eu te amo!"

Sempre gostei do autoconhecimento, e com este processo que vivi fui buscar através do curso de psicanálise a explicação para meus outros conflitos. Mergulhei de cabeça neste universo das feridas emocionais e me conectei com várias leituras desta área. Uma delas foi o livro do terapeuta e mentor Marcel Scalcko: *As 9 leis inegociáveis da vida*, do qual eu deixo alguns trechos que fazem muito sentido para quem viveu, vive e viverá o processo da autocura, como eu.

> "[...] Lutar contra isso, negar as suas mazelas, pode até trazer uma certa anestesia, uma certa maquiagem nas suas dores psíquicas, emocionais e espirituais. O resultado não tem como ser outro a não ser a estagnação, a permanência em uma vida vazia, sem sentido, longe de todas as possibilidades que estão ao seu dispor".
>
> "[...] É muito mais simples olhar para isso com coragem, com entrega, com verdade. No curto prazo, será difícil, eu sei, mas no longo o resultado será absolutamente libertador e empoderador. Quanto mais você resistir, mais a vida vai trazer dor para você, um dia, decida ler a mensagem".
>
> "[...] É por isso que repito: não se rebele contra a dor, dê as mãos para ela, que está totalmente a seu serviço. Seja grato. Você vai aprender a ser grato por tudo o que está acontecendo com você".

> "[...] O seu passado não vai passar se você fizer de conta que não existiu e que determinadas situações não deixaram marcas profundas em você". (Scalcko, 2021)

Caro leitor, a vida é feita de escolhas. É possível nos despir de julgamentos, acusações, desconstruir a maneira ao qual as pessoas nos apresentaram a figura paterna. Eu lhe convido a conhecer a história de vida de seu pai e a partir dela fazer suas escolhas, e só terão duas: permanecer sem olhar para essa dor e viver com a vida estagnada ou fazer como eu e inúmeras outras pessoas espalhadas pelos quatro cantos do mundo fizeram e continuam a fazer, ressignificando as suas dores emocionais. Do diagnóstico até o falecimento de meu pai, foram 1 ano e 9 meses, aparentemente pouco tempo, mas não foi. Foi exatamente o tempo propício para que meu processo acontecesse.

Talvez você esteja se perguntando: Depois disso sua vida mudou totalmente? Claro que não. Costumo fazer a analogia dos nossos conflitos emocionais com uma cebola: eu tiro uma camada e aparece outra, ou seja, eu trato um conflito e aparece outro. E quando aparece este novo conflito, o que fazer? Trate-o. Olhe para esta dor, seja grato, veja o que a vida quer lhe ensinar, permita-se sofrer e busque a cura. Uma dica que eu deixo é: busque autoconhecimento, pois ele lhe dará subsídios, como inteligência emocional e autocontrole, para você agir de maneira coerente e fazer escolhas de forma sábia diante das adversidades que a vida lhe apresentar. Parafraseando o mentor Elton Euler: "Tudo muda quando alguma coisa muda". Eu escolhi ressignificar, e você?

Referências bibliográficas

EULER, Elton. *Tudo muda quando muda alguma coisa, com qual mudança* [...]. [*s. l.*], 17 set. 2024. Facebook: eulerelton. Disponível em: https://www.facebook.com/share/v/ZZduwRAyCXrxZby7/?mibextid=N9fs7i. Acesso em: 30 out. 2024.

SCALCKO, Marcel. *As 9 leis inegociáveis da vida:* leveza, realização e plenitude: desperte para a vida que você verdadeiramente nasceu para viver. São Paulo: Gente, 2021. p. 131, 133-134.

"O que faz o próximo capítulo ser inesquecível é o capítulo anterior... anterior... anterior..."

Shirley Ribeiro

Suelem Monique Santos

Sou Suelem Monique Santos, filha de Antônio e Divanete, esposa de Ederson, e irmã de Shaiane e Alan. Tenho duas lindas sobrinhas, Marina e Helena, e um lindo sobrinho chamado João Arthur.

Tenho 30 anos e sou CEO do escritório SMS advocacia. Minha jornada é marcada por determinação e superação. Sou advogada há 5 anos, com especialização em Direito Previdenciário, uma área pela qual desenvolvi um forte compromisso em ajudar as pessoas a garantir os seus direitos.

Minha trajetória profissional não foi fácil, situações colocaram à prova a minha resiliência desde a matrícula na faculdade até os primeiros passos na advocacia, mas com coragem transformei as dificuldades em realizações. Hoje olho para trás e vejo que todo esforço valeu a pena.

suelem.adv

smsadvocacia

+55 (74) 99110-4185

Elas fazem ACONTECER
Mulheres que inspiram e transformam

SUPERANDO AS ADVERSIDADES PARA QUEBRAR UM CICLO

26

Por Suelem Monique Santos

A minha história começou na zona rural, fui criada pelos meus pais, mas com a morte do meu avô, eu e minha irmã fomos morar com a avó Maria, eu tinha uns 10 anos. Assim como muitos da minha comunidade, nós enfrentávamos muitas dificuldades diárias, como a falta de água na torneira e de transporte próprio para se locomover. Eu tenho a educação como sinônimo de liberdade, a frase "a educação liberta e me libertou" resume uma das verdades mais poderosas da minha vida.

Ao longo da minha trajetória, a educação foi minha aliada, permitindo que eu rompesse barreiras e ciclos que poderiam me limitar. Através do conhecimento, descobri minha voz, desenvolvi minha profissão e encontrei a força necessária para enfrentar adversidades. A educação abriu portas para minha carreira como advogada, fez o caminho que me trouxe até aqui e me promoveu como instrumento para libertar outras pessoas, garantindo seus direitos e fortalecendo sua dignidade.

Ainda muito jovem, no ano de 2010, tive que lidar com o falecimento da minha avó Maria, pessoa que eu considerava minha segunda mãe. A vida exige que sigamos. Em 2011, concluí o Ensino Médio. E agora, o que faria da minha vida? Sem muita expectativa e sem muita influência dos meus pais, que não viram saída nas suas vidas através do estudo, pois, estudar, para eles, nunca foi uma opção, o que seria de mim? Eu me conformaria com o segundo grau e fim? Essa confusão tomava minha mente, mas eu tinha uma certeza, eu não queria parar por aí, queria ter uma profissão, por mais que meus pais tivessem trabalhos íntegros, eu não queria seguir os passos da atividade rural.

Naquele momento, a dúvida sobre o meu futuro me consumia. Estudar, para mim, era a chave, mas como alcançar esse sonho diante de tantas limitações? A incerteza sobre o futuro era constante. Eu vivia em uma área rural distante da cidade que oferecia educação superior, parecia algo inatingível. A pressão de me conformar com a conclusão do Ensino Médio e buscar um emprego sem formação na cidade era grande. Além disso, a situação financeira dos meus pais foi agravada pela pior estiagem da região Nordeste em 2012, tornou tudo ainda mais desafiador. Como filha de agricultores, sem renda fixa para pagar uma faculdade, parecia que meu sonho estava se desfazendo.

Estudei a vida toda em escolas públicas. Então, após muitas tentativas, obtive uma nota razoável no Enem de 2013. Fui selecionada na segunda chamada para uma faculdade particular em Direito, com início em 2014. Como eu fiquei feliz! Mas a tristeza por não ter como pagar a mensalidade me tomou. Eu tentei estudar e cursar uma universidade pública, mas meu conhecimento não era suficiente para uma vaga no curso de Direito, eu precisava aproveitar essa oportunidade, pois o tempo estava passando, eu já estava com 19 anos, mas o pagamento da matrícula foi o primeiro empecilho que precisei superar.

Fui aprovada, mas vi meu sonho prestes a desmoronar. Foi graças a Marcus Superbus, meu tio por consideração, que vi meu sonho renascer. Matrícula efetuada e paga por ele! Saí de Salvador feliz, realizada e de volta ao meu interior para efetuar a inscrição do FIES. Pedi ajuda a minha prima Kariny, que me emprestou seu *notebook*, e, sentada na calçada em frente à sua casa, concluí a inscrição. Depois de enfrentar mais uma dor, eu precisava de um fiador, mas descobri que fazia parte de uma família de baixa renda, não precisava, ufa! Imagine como seria mais uma barreira, conseguir um fiador em meio a uma família sem estabilidade financeira e posses. Cada etapa foi uma batalha emocional e financeira. No entanto, a determinação de seguir em frente era maior do que qualquer obstáculo.

Inscrita no FIES, voltei a Salvador de carona, sentada na escada de uma van que levava pessoas doentes para se tratarem na capital, acompanhada por outra prima, Larissa, que por vezes foi uma grande alinhada nessa jornada inicial. Fui encaminhada para o banco, de volta a minha cidade com o meu sonho dentro de um envelope endereçado à instituição financeira, entreguei o papel, assinei um contrato e, ao perguntar a servidora que dia eu teria a resposta da aprovação, ela me respondeu: “Você acabou de assinar o contrato e a partir de agora, o FIES financiará 100%, incluindo a matrícula que você pagou, você vai ser ressarcida.”. Eu não conseguia expressar as lágrimas de alegria que escorriam no meu rosto. Tudo tinha dado certo e eu sairia da minha cidade que não ofertava oportunidade de crescimento.

Primeiro semestre, a pessoa que mais me apoiaria não se fazia mais presente: Dona Maria, a grande mulher que terminou de me criar antes da sua partida, me ensinou os princípios de uma vida íntegra: “Trabalhe e seja honesta.”. Mas eu prometi que eu lhe daria orgulho. E assim eu fiz. Contudo, eu não imaginava que uma longa jornada estava começando. Fui morar na tão sonhada capital, sem saber me expressar bem, com um sotaque bem pacato, com meus vícios de linguagem e toda personalidade de uma menina que saiu da roça.

Minha prima Adriele me levava a faculdade para que eu aprendesse a parar o ônibus, passar a catraca e observar o ponto de referência que eu puxaria a “cordinha” para avisar ao motorista que eu precisava descer. Morei de favor na casa da minha tia Aninha, que já tinha estendido a mão para minha irmã, e agora me abraçava, mesmo na sua casa tendo apenas um quarto. Depois fui morar com minha irmã, que se tornou a minha mãe. Também tive o apoio da Amenaide, avó do meu noivo, que já havia estendido a mão a ele em moradia. Dinheiro contado, último ano da faculdade, 2018, eu e meu noivo decidimos procurar uma *kitnet* para ter nosso canto, era eu por ele e ele por mim.

O ônibus era nosso meio de transporte, encontramos uma *kitnet*, mesmo que sem janelas e ventilação, cabia no nosso bolso, mas não bastava a casa. Através da bolsa-estágio e do seu trabalho no *shopping*, pagaríamos o aluguel, mas precisávamos de móveis, não tínhamos absolutamente nada. E dessa vez, nossos familiares se fizeram presente como o agir de Deus; conseguimos montar a *kitnet* com o necessário com a ajuda deles. Dormimos por meses em um colchão e, eu posso afirmar, que eu não tinha uma família rica, mas tinha e tenho uma família unida, que faz o que pode para estender a mão.

Enquanto estudante, eu era a aluna que estudava até as madrugadas, sábado, domingo e até feriados. Eu me esforçava muito, pois existia um limite para perder matérias no FIES. Primeiro semestre, uma matéria perdida e o aviso de qual era o limite chegou. Diante do susto de perder minha única oportunidade de mudança de vida, mesmo diante de algo novo, eu me comprometi além, concluí a faculdade com uma única matéria repetida.

Entre transporte público, morar longe, estágios, almoços frios em marmitas, me formei no segundo semestre de 2018. O dinheiro continuava sendo contado, a realidade de quase não ter uma formatura, contudo, ela precisava acontecer, pois era um grito de vitória. O grande dia chegou! Tive formatura, que extraordinário! De onde eu vim, não era algo recorrente. Eu abria as portas para que outros jovens vissem a possibilidade de seguir esses passos.

Diploma na mão, e agora? Eu me formei iludida! O diploma sozinho não me levaria a lugar nenhum. Eu me tornei advogada sem padrinhos, familiares para me nortear, nada estava pronto. Precisei começar tudo do zero, mais uma vez. Do meu lado tinha meu noivo, que nunca soltou a minha mão. Concurso público seria a saída? Talvez! Por mais que eu tivesse um grande parceiro ao meu lado, as contas iam chegar, e nós precisávamos pagar. Meus pais não tinham riqueza para manter a minha falta de rentabilidade. Então, como a primeira advogada da família, tive apoio na prospecção de pessoas que acreditavam no meu potencial. Começaram a chegar as primeiras causas. Mas o que eu não sabia era que a advocacia era profissão que exalava prosperidade. Como me posicionava no mercado apenas com conhecimento, cogitei não ser suficiente. Eu não tinha carro, nem escritório, era apenas eu, o *token* e meu *notebook*.

A minha advocacia do absoluto zero nasceu de volta a minha terra, no interior. Eu me debrucei na advocacia de corpo e alma, mesmo sem escritório, atendia clientes nas cafeterias, nas praças, nas suas casas e onde quer que eles precisassem de mim. Independente de toda as circunstâncias negativas, eu tinha a solução para o problema, eu tinha o conhecimento. Em 2019, eu me especializei e me tornei advogada especialista em Direito Previdenciário.

Coragem não me faltava para enfrentar os percalços, o empreendedorismo me foi apresentado, as coisas estavam começando a fluir. Dois anos depois de advogar em *home office*, em uma cadeira e uma mesa de madeira, sem conforto, trabalhando na mesa de jantar, eu abri meu primeiro escritório, sem placa, no primeiro andar de uma sala alugada dentro de um escritório já existente. Em 2021, pós-pandemia, inaugurei uma pequena sala. Em 2022, inaugurei mais uma unidade do escritório SMS Advocacia, no distrito de Quicé, depois de atender por anos na casa da minha mãe, minha maior apoiadora. Passei a atender em mais uma cidade, instalei uma sala de atendimento com apoio de Elto Cajuhy. Em 2024, saí da salinha dentro do escritório que já existia e montei meu próprio escritório dos sonhos. Placa com nome e sobrenome, e com todo o amparo que um escritório precisa: banheiro, copa, salas de estagiários, advogados e recepção personalizada.

Minha história é de superação, enfrentei barreiras financeiras, sociais e emocionais, mas a educação me libertou. Hoje, sou advogada, especialista em Direito Previdenciário. O conhecimento foi o meu maior aliado. Hoje, olho para trás e vejo que cada dificuldade foi uma lição, e que a perseverança transforma sonhos em realidade. Se minha história prova algo, é que o esforço contínuo, que não se resume das 8h às 18h, sem limitações de tempo, pode abrir portas que parecem fechadas. Essa jornada não é apenas minha, mas de todos que acreditam que, independentemente de onde você comece, o destino pode ser grandioso se você não desistir.

"O sucesso é persistido e sem limitação de tempo, por isso, comece e não limite seu esforço das 8h às 18h."

Suelem Monique Santos

Tatiane Nisi

Meu nome é Tatiane Yoshie A. Nisi. Sou paulistana, casada com Edson Lima, que me apoia em tudo. Temos um filho, Ivan Satio, meu enteado Pedro Henrique, além do nosso cachorro Rachi.

Tenho duas formações acadêmicas, Gestão de RH e Gestão Financeira, iniciei a vida profissional aos 15 anos no varejo, permanecendo por 18 anos. Em 2013, assumi a empresa fundada por meu pai, Carlos Nisi, em 1996, para continuar nossa história.

Hoje sou empresária que inspira e apoia mulheres a terem êxito em sua jornada profissional e jovens em seu início de carreira. Mas, para chegar aonde estou e aonde quero chegar, supero obstáculos, busco sempre conhecimentos para meu desenvolvimento, sigo meus princípios e valores, acreditando que Deus nos coloca no lugar certo, continuar é desafiador.

lagunasmarmores

+55 (11) 94010-2789

O SUCESSO ESTÁ NAS SUAS ORIGENS

27

Por Tatiane Nisi

Quando eu tinha 8 anos, meu pai foi para o Japão, para que seus filhos pudessem estudar em escola particular. Durante esse tempo que meu pai estava fora do país, minhas tias, juntamente com os meus avós paternos, foram responsáveis por todo o suporte necessário para o crescimento e desenvolvimento meu e dos meus irmãos, abrindo suas portas nos acolhendo e nos dando um lar. Quando estava com 15 anos, ele voltou para o Brasil e iniciou no ramo de marmoraria, comprando seu primeiro ponto.

Eu já atuava no varejo, com o objetivo de conquistar os meus bens materiais com meus próprios recursos. Aos 18 anos, eu comprei meu primeiro automóvel. Aos 30 anos, quitei meu primeiro imóvel. Sendo assim, um grande orgulho para meu pai. Atuando como consultora no varejo de marcas conceituadas em mercados nacionais e internacionais, nossos encontros eram entre uma reunião e outra nos cafés do *shopping* para sempre ouvir seus conselhos, sejam eles profissionais ou não. Em nossas conversas, ele sempre mencionava o desejo de eu trabalhar com os negócios da família, mas respeitava a minha trajetória profissional.

Apesar de ter uma vida profissional estável e bem-sucedida, o ano de 2012 foi muito desafiador, de grandes perdas. No início desse ano, meus avós paternos foram hospitalizados, falecendo em datas muito próximas, e, no mês março, minha mãe descobriu um câncer, dando início a uma trajetória de tratamentos com quimioterapia e radioterapia até dezembro deste mesmo ano, vindo a falecer.

Em meio à dor do luto de três pessoas que, além de especiais, tiveram grande importância na formação do meu caráter e da mulher guerreira e determinada que sou hoje, tive que tomar uma decisão que mudaria totalmente minha vida. No início de 2013, devido a uma má gestão nos negócios da família, a marmoraria estava prestes a encerrar suas atividades. Então eu precisei escolher entre continuar minha carreira em ascensão ou seguir com o legado da minha família, que foi construído com muito suor e renúncia do meu pai, que sempre visou a estabilidade financeira familiar.

Sempre tive e busquei a expertise no varejo e agora me via em um ramo de atividade totalmente desconhecido, não sabia como e nem por onde começar, mas tinha certeza de que teria que continuar e fazer dar certo, pois honrar meu pai sempre foi minha prioridade de vida.

Logo nos primeiros desafios financeiros, fui buscar conhecimento acadêmico, cursando minha segunda formação em Gestão Financeira, o que me deu muito suporte. Na sequência, vieram as dificuldades empresariais, busquei um advogado para me auxiliar em toda a parte jurídica e troquei a contabilidade para uma de minha confiança. Segui com esses parceiros por uns bons anos, fui adquirindo confiança e estrategicamente agindo na área comercial, e assim apliquei todo o meu conhecimento de vendas para o início de um restabelecimento financeiro. A partir desse restabelecimento, fizemos uma restruturação da empresa, onde meu marido entrou para nos auxiliar, fazendo parte da equipe uma pessoa de confiança.

Em 2019, depois de 23 anos em que a marmoraria estava no mesmo ponto — era conhecida como a “marmoraria do japonês” —, o proprietário do terreno decidiu vender o ponto e deu dois meses para sairmos do local. Foi decidido de fato encerrar as atividades, dispensando todos os funcionários, desfazendo de todas os materiais e, do zero, iniciamos eu e meu marido uma nova marmoraria e uma nova história, em um novo local. Nasceu então a Laguna´s Mármores, com suas memórias e seus receios, abrimos novos fornecedores, adquirimos novos clientes.

Tenho muito orgulho de contar que quem começou foi o meu pai e que, apesar de reiniciarmos a marmoraria do zero, não mudamos a essência e os valores com as quais a empresa foi originalmente criada e construída, oferecendo para nossos clientes atendimento e produtos de qualidade, sempre com muita transparência e honestidade. Nosso principal marketing são os nossos próprios clientes, a maioria dos nossos atendimentos é por indicação e reconhecimento dos nossos serviços prestados.

Essa trajetória de construção e reconstrução da minha vida empresarial não foi fácil, pois tive que lidar com muitas questões externas e internas. Em muitos momentos confrontei a mim mesma, às vezes o caminho escolhido não dava certo e eu tinha que olhar para o problema e enxergar a oportunidade. Mas como sempre diz meu pai: "Calma, Tatiane! Vai dar tudo certo, precisamos apenas ter fé", e realmente a fé sempre esteve presente no meu caminho. Em todo o tempo, Deus preparava tudo, até quando dava errado, dava certo, porque é para a solução que eu olho.

Eu sabia que juridicamente precisaria sair de onde meu pai estava e não tinha coragem e nenhum recurso financeiro. Era uma coisa inimaginável aos meus olhos, mas Deus como sempre preparou tudo. Eu tinha medo, mas eu fui além do medo e vi a oportunidade de começar tudo de novo, e mais uma vez tomei a decisão de dar esse passo para continuar com ousadia e foi a melhor coisa que fiz.

Na minha adolescência, busquei no esporte fortalecer a minha formação de caráter, com a ausência de criação do meus pais. Eu aprendi que numa partida de futebol, o importante não era só o time ganhar a partida, e sim lutar contra o adversário até o juiz dar o apito final. E em cada jogo, independente do resultado da partida, o nosso treinador sempre nos mostrava o que tínhamos que melhorar para o próximo jogo.

Assim como no esporte, em nossas vidas só perdemos quando desistimos; nem sempre nosso planejamento sai perfeito, em alguns momentos acontecem imprevistos, e de alguma forma precisamos recalcular a rota. Isso não significa que vamos começar do zero, pois o conhecimento que adquirimos não pode ser tirado de nós. Precisamos apenas tomar novas decisões de acordo com aquilo que acreditamos, lembrando sempre que nossos valores e princípios são inegociáveis.

Desde o meu nascimento, passei por superações, nasci de sete meses e fiquei durante um ano internada com uma doença que nenhum médico conseguiu fechar o diagnóstico, tinha que tomar sol todos os dias e, a partir da fé e das crenças da minha mãe, depois de um ano de internação, tive alta e fui para casa curada. Fatos como esse só me fazem acreditar que eu estou aqui por um propósito.

Não estou aqui apenas para sobreviver, mas sim para viver! E viver é além de sonhar, projetar, conquistar. É ver a cada instante a oportunidade que temos de reinventar e reconstruir nossos *caminhos*.

Aproveitando, quero compartilhar o meu maior sonho realizado, o de ser mãe. Quando o Ivan nasceu, eu entendi mais um pouco sobre ter um propósito. Meu filho hoje é a minha maior força e coragem. O legado está muito presente na minha vida, o nome do meu filho, por exemplo, Ivan Satio, é para homenagear seu avô paterno e seu bisavô materno.

É por esse motivo que eu prezo pela minha essência, pelos meus valores, que são a honestidade, lealdade, transparência e fé. São essas coisas que eu quero deixar para ele. Assim com o meu pai me ensinou, eu quero que ele aprenda que, se necessário, começaremos do zero, mas sempre respeitando o próximo e aqueles que fazem parte da nossa vida.

Enxergar o problema e transformar em oportunidade, tudo o que não era correto dos princípios saíram do caminho, hoje prevalece o que temos orgulho de continuar!

Convido você a olhar para a sua vida de uma maneira carinhosa, acolhedora, olhando suas origens, quem é você e tudo o que já passou e construiu ao longo da sua caminhada. Talvez você, como eu, tenha que em algum momento recomeçar do zero, seja em um relacionamento, em um empreendimento, algumas conquistas, entre tantas outras coisas.

Muitas vezes, nossas maiores conquistas não são palpáveis ou visíveis, mas são intrínsecas a nós mesmas, nossas superações diárias. Mas precisamos aprender a olhar para nossa vida com um olhar diferente. Eu aprendi que eu posso olhar para o problema e chorar ou posso olhar para a solução. A felicidade depende das nossas atitudes. Isso não significa que nunca chorei, ou que nunca me desesperei; que em alguns momentos eu não tive coragem, ou não senti o medo de alguma forma não deixar eu me movimentar. Eu não posso esquecer da minha humanidade, e como todo o ser humano, erro, reclamo, mas eu tenho o poder da escolha, de continuar ali ou levantar e olhar para as oportunidades.

Foi assim que construí e continuo construindo minha trajetória, meu legado e o da minha família: construindo, reconstruindo, muitas vezes me descontruindo. O meu segredo é enxergar sempre o problema como uma oportunidade, é entender que ninguém pode me dizer quem eu sou a não ser eu mesma. Saber quem somos, o que queremos e encararmos nossas superações como vitórias em nossas vidas faz uma grande diferença. É não olhar para o que eu não tenho, e sim agradecer pelo que eu tenho e confiar que Deus está em todo o tempo conosco, nos orientando e preparando nosso caminho.

Hoje estou em um momento muito feliz profissional, chegando junto com meu pai aos seus trinta anos no mercado, inaugurando o Ateliê, inovando o mercado, trazendo sofisticação.

Escrevo esse livro hoje como uma oportunidade de homenagear o meu pai, Carlos Nisi, contando a minha história, e para o meu filho ter orgulho da mãe que sonhou em tê-lo nos braços.

Assim como eu, você só precisa tomar uma decisão: o problema não pode ser a sua prioridade, levante-se pela manhã e cuide de você, se arrume e se sinta bonita, faça uma maquiagem e, com seu batom, dê um grande sorriso. Todos os dias são uma nova oportunidade, faça dar certo, mas faça por você!

"O desgaste emocional é significativo, mas a recompensa de reviver o legado, ver a marmoraria prosperar novamente, supera cada dificuldade."

Tatiane Nisi

Thaís Dariane

Sou Thaís Dariane, natural de Mogi Guaçu/SP, onde resido com a minha família. Sou psicóloga, mentora, palestrante e escritora, com especialização em Psicanálise e aprimoramentos nas áreas de Teoria do Apego e Psicopatologia.

Desde a infância, minha curiosidade sobre o comportamento humano me levou a uma jornada de autoconhecimento e superação. Ao enfrentá-la, percebi que essas experiências eram compartilhadas por muitas mulheres ao meu redor. Isso despertou em mim o desejo de criar um espaço acolhedor e seguro para promover transformação emocional, a comunidade Florescendo Juntas.

Hoje, dedico minha vida a apoiar mulheres na ressignificação de suas histórias, ajudando-as a se empoderar e a conquistar equilíbrio emocional.

thaisdarianepsi

+55 (19) 98712-3226

contato@thaisdarianepsi.com

Elas fazem ACONTECER
Mulheres que inspiram e transformam

RESSIGNIFICANDO HISTÓRIAS, FLORESCENDO VIDAS

28

Por Thaís Dariane

Desde criança, sempre observei o mundo com um olhar de curiosidade e empatia. Eu queria entender as pessoas ao meu redor, seus dilemas e sentimentos. Essa sensibilidade em captar as nuances do comportamento humano se aprofundou quando, já adulta, percebi que muitos dos desafios que enfrentei não eram apenas pessoais, mas ecoavam em tantas outras mulheres ao meu redor.

Toda mulher que decide se transformar também enfrenta um processo de desconstrução. E, para mim, não foi diferente. Então, hoje, contarei a minha história. Contarei como me desfiz, para me refazer de novo.

Minha história começa com o meu nome. Thaís, escolhido por minha mãe, e Dariane, em homenagem ao meu avô falecido. Assi, que carrega o legado da família. E, agora, Serafim, símbolo da união e do encontro com o legado de outra família. Sempre digo que de onde viemos nos torna quem somos, seja para mantermos algo vivo em nossa essência, seja para definirmos o que queremos mudar.

Quando pequena, fui rodeada por muito amor. As lembranças de infância são recheadas de sorrisos e momentos de carinho. Às vezes, revisito as fotos em que estou com aqueles cabelos loiros enroladinhos, o olhar puro e o sorriso aberto. Mas, se eu olho mais fundo, percebo algo mais. Algo entre os olhares — um vazio. Um olhar profundo, como se desde sempre eu tentasse entender algo que não conseguia nomear.

Eu, Thaís, além da psicóloga, sou feita de dores e de amores. Apaixonada por palavras, guardo até hoje os livros que meus pais costumavam ler para mim todas as noites antes de dormir. E é como se, nas palavras, eu encontrasse um lugar seguro para repousar todas as emoções que eu não conseguia controlar. Quando criança, eu me apeguei a elas e fui colecionando diários, enchendo-os com tudo aquilo que sentia: desde os momentos mais ternos até os mais angustiantes. Cresci mergulhada em um turbilhão de sentimentos. Sentia amor e alegria, mas também um vazio avassalador.

Minha relação com o vazio começou cedo, antes mesmo que eu pudesse entender o que ele era. Anos de terapia me ajudaram a compreender que o vazio não é um buraco a ser preenchido, mas uma parte de nós a ser respeitada e contornada. Passei muito tempo tentando tampar esse espaço com coisas que só se perdiam dentro dele. Mas, ao invés de desaparecer, ele ficava maior. Levei anos para aprender a sentar na beira desse abismo e olhar para dentro dele. Com o tempo, aprendi a decorar o seu contorno com flores, memórias, e até com sonhos. Sei que, se olhar demais, o abismo pode sugar. Mas estar ao lado dele também me faz enxergar a minha força.

Com essa intensidade e imensidão dentro de mim, sempre fui uma pessoa à flor da pele. Sentia profundamente, me entregava inteiramente — às pessoas, aos amores, às amizades. Mas, junto com isso, vinham as fragilidades. Das dores surgiam as cicatrizes, na alma e na pele. Houve momentos em que a dor emocional era tanta que parecia que a única forma de lidar com ela era abrindo um buraco na minha pele para ver o que havia lá no fundo. Sentir era o que eu sabia fazer de melhor, mas era também o que mais me feria.

Quando passamos por um processo de dor tão profundo, não saímos iguais. Carregamos marcas que não desaparecem. Algumas partes de nós ficam pelo caminho e não voltam mais. Mas não há algo de profundamente bonito nisso? Em nossa capacidade de seguir em frente mesmo em pedaços? Porque não estamos aqui para sermos perfeitos, estamos aqui para sermos inteiros, mesmo com nossos pedaços faltando. Eu caí nesse abismo que me assombrava, sem perceber o quanto eu já estava próxima da borda. O escuro clama pela dor, mas há uma luz que chama pela vida. Mesmo caindo, havia uma chama dentro de mim que não me deixava desistir. A luz estava lá, me impedindo de afundar completamente.

Foi o amor que me salvou. Não o amor romântico, ainda que o afeto do meu companheiro tenha me dado força todos os dias. Falo do amor que cura, o amor que me fez perceber que, por mais profundo que fosse o vazio, ele podia ser contornado. Porque a depressão é a doença do vazio, e só o amor é capaz de curá-la. Quando não encontramos amor por nós mesmas, é o amor que recebemos do outro que aquece e nos traz de volta à superfície. Esse é o poder dos vínculos de afeto.

Hoje sou psicóloga. E, embora não conte minha história aos meus pacientes, cada olhar que troco, cada palavra de acolhimento que ofereço carrega algo dessa trajetória. Vejo a angústia nos olhos deles e reconheço aquele olhar. É como se, sem palavras, eu pudesse dizer: "Eu sei.". Porque um bom psicólogo é aquele que já sofreu e conseguiu ressignificar suas dores. E mesmo sem contar minha história, sinto que eles entendem.

Aceitei as minhas cicatrizes, físicas e emocionais. Elas contam a minha história, marcam minha sobrevivência. Embora, às vezes, eu me sinta envergonhada, também carrego com orgulho. Porque foram elas que deram origem às minhas maiores forças e potências. Hoje, abraço minhas vulnerabilidades e convido outras mulheres a fazerem o mesmo. Porque no meio das nossas dores, existe também um campo fértil para florescermos.

Minha jornada para me tornar psicóloga, e posteriormente mentora, nasceu de uma busca interna por respostas. Eu lidava com situações que exigiam resiliência, muitas vezes sentindo o peso de expectativas sociais, medos e inseguranças que, por anos, me fizeram questionar meu valor e meu lugar no mundo. Eu me perguntava: "Como posso florescer quando tantas vezes me sinto sufocada?" Esse questionamento me levou a explorar o campo da psicologia, em especial o universo feminino, onde identifiquei o quanto as mulheres carregam traumas silenciosos, marcados por histórias de desvalorização e falta de acolhimento emocional.

Ao iniciar minha prática, percebi que a demanda por uma escuta qualificada era enorme, mas não se tratava apenas de ouvir. Eu queria ajudar mulheres a se curarem de seus machucados emocionais e a encontrarem um caminho de empoderamento genuíno. A cada sessão, eu me conectava com histórias de força, superação e, ao mesmo tempo, de grande sofrimento e necessidade de reconhecimento.

Hoje, o que me move é essa certeza: cada mulher tem uma história única e um potencial imenso a ser desvendado. No entanto, essa descoberta só acontece em ambientes onde ela se sinta acolhida e segura para expressar suas vulnerabilidades e resgatar sua força interna. É essa a base de todo o meu trabalho e do que construí até aqui.

Lembro-me de uma situação específica que marcou profundamente minha caminhada. Logo no início da minha carreira, me deparei com o desafio de sustentar o meu próprio estilo de atuação profissional. Mesmo me dedicando intensamente, escutava com frequência que eu era "jovem demais" ou "acolhedora demais". Ouvi inúmeras vezes que precisaria endurecer. Isso me fez refletir: qual era o meu espaço de ser Thaís na minha prática como psicóloga? Estava disposta a deixar minha essência se perder para me encaixar em um padrão que não tinha sintonia com o meu propósito?

Foi em meio a essas pressões que a insegurança cresceu. Comecei a me questionar se estava no caminho certo, se minha abordagem era realmente válida ou se eu realmente era uma boa psicóloga. Em momentos assim, é fácil se deixar abater e querer desistir. Mas, paradoxalmente, foi nesse contexto desafiador que encontrei a força para seguir em frente.

Com o tempo, percebi que a minha vulnerabilidade não era um sinal de fraqueza, mas a fonte da minha maior força. As dificuldades que enfrentei não apenas me ensinaram a ser resiliente, mas também a honrar minha sensibilidade e confiar no que ela me dizia. A cada desafio, vi a oportunidade de reafirmar meu valor e o meu espaço como mulher e psicóloga. Foi então que tomei uma decisão: se algo precisava mudar, não seria a minha essência. Eu não me endureceria para caber em um padrão rígido. Eu traria leveza para transformar o ambiente ao meu redor. E é desta forma que eu venho tocando muitas vidas.

Nesse processo, me vi também lidando com a autossabotagem. É comum nós, mulheres, especialmente em posições de liderança ou na tentativa de assumir protagonismo, questionarmos se somos realmente capazes. No entanto, percebi que o que me limitava não eram minhas habilidades, mas o receio de ser julgada ou de errar. Aceitar que o erro faz parte do aprendizado foi libertador. Compreendi que é justamente essa permissão para errar e aprender que nos torna mais fortes.

A partir desses momentos de resistência, comecei a desenvolver um olhar ainda mais atento para as necessidades emocionais das mulheres que, assim como eu, se sentiam invisíveis e desvalorizadas. A partir daí, meu foco se tornou ajudar outras mulheres a reconhecerem e ressignificarem suas experiências. Comecei a entender que a minha história não era só minha, mas também a de tantas outras mulheres que se sentem emocionalmente feridas e, por vezes, paralisadas pelos seus próprios medos.

Hoje, ao olhar para trás, vejo que cada desafio, cada momento de dúvida e cada conquista me trouxeram até aqui. Se existe uma mensagem que eu gostaria de deixar para todas as mulheres que, assim como eu, enfrentam medos e incertezas, é: cure-se. Recomece. Você é feita de dor, mas também de força. Você floresce mais forte a cada dor que escolhe deixar ir. Nós somos capazes de transformar nossas dores em força. Somos capazes de florescer em todo o nosso potencial, mesmo quando o terreno parece árido e hostil.

O que realmente importa é não deixar que as circunstâncias definam quem somos. Podemos ressignificar as nossas experiências, criar um ambiente interno de apoio e crescer para além dos nossos próprios limites. Acreditar que merecemos florescer, independente das dificuldades, é o primeiro passo.

Porque, sim, você merece mais do que apenas sobreviver, você merece florescer em todo o seu potencial.

"Cure-se. Recomece. Você é feita de dor, mas também de força. Você floresce mais forte a cada dor que escolhe deixar ir."

Thaís Dariane

Zaíra Ferreira

Sou Zaíra Ferreira, nasci em 25/10/1981, em Campo Formoso/BA, e há sete anos moro na Califórnia. Aqui construí minha família. Tenho bacharelado em Serviço Social e sou pós-graduada em Gestão da Qualidade em Saúde. Hoje trabalho como *health carer* e me sinto realizada por poder cuidar das pessoas.

Primogênita de três irmãs, minha infância no interior foi marcada pela simplicidade. Desde muito cedo, precisei tomar as rédeas da minha vida, enfrentando desafios que me ensinaram a ser resiliente. Com personalidade forte, aprendi a lutar pelos meus sonhos e a me reinventar.

Hoje, construí minha vida com base nos valores que fazem sentido para mim: empatia e desejo de fazer a diferença no mundo. Tenho orgulho da minha jornada e de tudo o que construí até agora.

zairaffoficial

socialqualidade@gmall.com

A HISTÓRIA DE UMA VIDA DE CORAGEM E PROPÓSITO

29

Por Zaira Ferreira

Recordo-me que na infância eu era uma criança de personalidade forte, e ninguém conseguia me moldar conforme os padrões que a sociedade exigia. Muitas vezes, sentia-me incompreendida, pois, na verdade, tudo o que eu queria era ser aceita do meu jeito, sem me preocupar com estereótipos. Era uma menina extrovertida, cheia de vida, mas, aos olhos dos outros, era vista como "a rebelde".

As notas na escola nunca foram uma prioridade, e eu certamente não era considerada uma aluna exemplar. O que realmente me atraía na escola era a oportunidade de estar com pessoas, de conhecer novos amigos e trocar experiências. Nunca tive a ambição de ser a menina perfeita; o que me movia era o desejo de ser livre para ser eu mesma, sem amarras.

Aos 15 anos, quando ainda estava descobrindo o mundo, conheci a pessoa que, poucos meses depois, se tornaria meu primeiro esposo. Ele tinha 21 anos e trabalhava junto com meu pai, que era militar.

Esse relacionamento foi algo novo, uma experiência intensa para alguém da minha idade. Com ele, iniciei uma vida. Fui pressionada a casar, pois, na época, essa era a única escolha que consideravam aceitável para preservar a honra da família. No entanto, o casamento veio com desafios imensos. Eu era apenas uma menina, cheia de sonhos e de curiosidade sobre o mundo, mas ainda sem maturidade para enfrentar as responsabilidades de uma vida a dois. O peso de um casamento tão jovem era sufocante, e rapidamente percebi que aquela união não fazia sentido para mim. Havia tantas coisas que eu ainda queria explorar e viver, mas o casamento me prendia a um papel para o qual eu não estava pronta.

Logo, voltei para a casa dos meus pais, e essa experiência marcou profundamente minha trajetória, deixando cicatrizes e lições que eu levaria comigo para a vida toda. Essa volta ao lar foi o início de um processo de redescoberta. Embora a sociedade me visse com olhos de julgamento, eu sabia que aquele retorno era uma chance de retomar o controle sobre minha vida, de reconstruir minha identidade e de encontrar um caminho que fosse verdadeiramente meu.

Aos 18 anos, tomei uma decisão que mudaria a minha vida para sempre: decidi me aventurar sozinha, determinada a traçar meu próprio caminho. Embora gostasse de estar cercada por pessoas, sentia uma necessidade urgente de independência, de viver por minha conta e risco, de experimentar a liberdade que tanto ansiava. Com esse desejo incontrolável, peguei uma mala com poucas roupas e muitos sonhos e parti para São Paulo, uma cidade imensa e cheia de oportunidades, mas também repleta de desafios. O primeiro dia na cidade ainda está vívido em minha memória. Senti um frio na barriga, mas também uma excitação que era impossível de conter. Era só eu e o mundo, e a sensação de estar sozinha, de ter que enfrentar tudo por conta própria, era ao mesmo tempo assustadora e libertadora. No entanto, o brilho nos meus olhos e a vontade de vencer eram maiores do que qualquer medo que pudesse existir.

A jovem determinada, que nunca se deixava abater, tinha uma missão: encarar o desconhecido e dar certo. Logo consegui meu primeiro emprego em uma cooperativa da Polícia Militar do Estado de São Paulo, onde trabalhei por dez anos. Ali, comecei a construir minha independência financeira, ocupando o cargo de assistente administrativa na área de seguros de vida. Todos os dias eu lidava com pessoas, um aspecto do trabalho que me preenchia e que parecia com a minha natureza acolhedora. Contudo, após alguns anos, comecei a sentir que aquilo não era o bastante, que eu poderia e deveria fazer mais. Comecei, então, a questionar o verdadeiro propósito da minha vida e decidi me aprofundar no mundo do Serviço Social.

Entrei na FMU (Faculdades Metropolitanas Unidas em São Paulo) e, em seguida, fiz uma pós-graduação em Gestão da

Qualidade em Saúde no Instituto Israelita Albert Einstein, em São Paulo. Após alguns anos na faculdade, iniciei o trabalho como assistente social em um colégio bilíngue, também em São Paulo. A possibilidade de oferecer acolhimento, orientação e esperança a pessoas em situação de desproteção social me fez sentir realizada. Contudo, minha vida pessoal começou a se complicar.

Apesar de toda a coragem que mostrava ao enfrentar o mundo, percebia em mim uma necessidade de companhia, talvez um desejo de construir uma família, ou de preencher o vazio que minha criança interior ainda sentia. E foi com esse desejo que entrei em um relacionamento que se tornou, aos poucos, um verdadeiro pesadelo. Ele era abusivo e, ao longo dos anos, foi minando minha autoestima e me fazendo sentir cada vez mais vulnerável. A mulher forte e independente que sempre fui parecia se perder a cada dia. Foram anos difíceis, mas finalmente tomei coragem para escapar daquele ciclo. Vendi o carro que tinha comprado com tanto esforço e comprei uma passagem só de ida para o exterior.

Cheguei em um novo país, mais precisamente em Boston, nos Estados Unidos, sem falar o idioma, com uma mala cheia de sonhos, mas também com medos e incertezas. No início, me virei como pude: paguei o aluguel de um quarto que pertencia a uma família brasileira com o dinheiro que havia sobrado e comecei a estudar inglês, trabalhando em subempregos para sobreviver. Cada dia era uma batalha, enfrentando a barreira do idioma, a solidão de estar longe de casa e o frio intenso que cortava a pele e parecia atravessar as roupas, me fazendo questionar se eu realmente conseguiria vencer naquela terra desconhecida.

Com o passar dos meses, percebi que o inverno em Boston era mais rigoroso do que eu imaginava. Caminhando pelas ruas cobertas de neve, pensava nas escolhas que tinha feito para chegar até ali e, apesar das dificuldades, uma chama de esperança permanecia acesa dentro de mim. Foi então que decidi me mudar para a Califórnia, em busca de um clima mais ameno e de novas oportunidades. A viagem foi um novo recomeço. Assim que cheguei, senti o calor do sol e percebi que aquilo era exatamente o que eu precisava: um ambiente que, de alguma forma, me trazia de volta à alegria e à energia para seguir em frente.

Na Califórnia, tudo era diferente. O céu, sempre azul, e o mar me davam a força necessária para continuar a luta. Aos poucos, fui dominando o idioma, dedicando minhas noites aos estudos e os finais de semana a trabalhos que me ajudavam a pagar as contas. Conheci pessoas que, assim como eu, estavam em busca de seus sonhos e também enfrentavam dificuldades em um país que exigia tanto, mas também oferecia possibilidades para quem estivesse disposto a persistir. Fui construindo uma rede de amigos e juntos compartilhávamos as vitórias e as saudades de casa.

Foi nessa jornada que conheci a pessoa que me fez acreditar novamente no amor. Ele era alguém com uma história tão cheia de desafios quanto a minha, cheio de sonhos e com uma determinação que me inspirava a continuar. Faz dois anos que nos casamos, e juntos estamos construindo nossa vida a dois, cheia de cumplicidade e de planos para o futuro. Ainda temos o sonho de ter filhos, algo que ambos desejamos profundamente. No entanto, sei que precisarei passar por alguns tratamentos para tornar esse sonho possível. Já iniciei o processo, com esperança e muita fé de que em breve teremos um pequeno ao nosso lado, completando nossa família.

Após muitos anos de esforço e perseverança, finalmente consegui validar meu diploma de Serviço Social na Instituição North American Educacional Group. Foi uma vitória que simbolizou mais do que um título: era o reconhecimento de toda a minha trajetória e da minha coragem em recomeçar do zero. Depois de anos de esforço, consegui meu primeiro emprego na minha área, atuando como *health carer*. Cada dia de trabalho é uma oportunidade para estender a mão, oferecer carinho, cuidado e acolhimento — aquilo que sempre quis, aquilo que faz meu coração vibrar.

Cheguei à conclusão de que o ser humano se encontra e se salva no outro. As cicatrizes que acumulei ao longo da vida não me deixaram amargurada, pelo contrário, me inspiraram a contribuir para que outras pessoas não precisem passar pelas mesmas dores que eu. Hoje, meu propósito é ajudar a melhorar a vida de quem cruza meu caminho. Afinal, como diz a filósofa Lúcia Helena Galvão: "O propósito final é a plenitude da condição humana, é pensar sistematicamente e canalizar o foco e a vontade para somar alguma coisa no mundo."[1] E é isso que eu acredito ter vindo fazer: somar,

1 NEVES, B. Quais são os valores de uma sociedade que não sabe onde quer chegar. *Gama*, 24 out. 2021. Disponível em: https://gamarevista.uol.com.br/semana/qual-e-o-seu-proposito/lucia-helena-galvao-proposito-de-vida/. Acesso em: 29 out. 2024.

transformar e devolver ao mundo todo o amor que recebi e que desejei ter em minha própria trajetória.

E esse capítulo faz muito mais sentido para mim porque chegou até você, que já pensou por diversas vezes em desistir, desacreditou que era capaz de alcançar seus objetivos, que já viveu relacionamentos abusivos e que demorou para tomar as rédeas da sua vida e construir sua história à sua maneira, mesmo com tantos erros e acertos.

Deseje a liberdade com intensidade, seja forte para dizer ao mundo quem você realmente é e deixe transparecer o seu propósito, o seu verdadeiro objetivo de vida. Siga sem olhar para trás, pois a vida, mesmo com muitos obstáculos e desafios, é uma jornada única e preciosa. Aproveite cada passo, aprenda com cada queda e continue firme em direção aos seus sonhos. Além de ser forte e corajoso, seja também paciente consigo mesmo, pois cada etapa do caminho tem seu valor e contribui para o crescimento.

Essa jornada única que mencionei merece ser vivida com amor e gratidão, um passo de cada vez, aproveitando a beleza de cada momento. Lembre-se de que o poder de transformação está dentro de você.

Referências bibliográficas

EPICTETO. *A arte de viver*. Tradução de Sharon Lebell. Rio de Janeiro: Sextante, 2018.

LEJEUNE, P. *Uma vida por escrito*. São Paulo: Editora Página Aberta, 1994.

NETO, L. *A arte da biografia: Como escrever histórias de vida*. São Paulo: Companhia das Letras, 2022.

*“Você atingirá o seu sucesso
quando focar em seus objetivos
e vencer os seus medos.
Acredite, tudo é possível!”*

Zaíra Ferreira

EDITORA
CHAVE MESTRA®

Instagram: @editorachavemestra

E-mail: editora@editorachavemestra.com.br

Site: www.editorachavemestra.com.br